A Selva María, mis hijos y mis 8 nietos espaciales

Créditos:

Título: Cuando la Geopolítica dio el salto al espacio

Autor: Humberto Silva Cubillán. Caracas

Diseño de Portada y contraportada: Oriol Serra i Nadal, Barcelona

Índice

Anexo 2. Glosario de términos.

A manera de introducción

Al hacernos parte de los eventos, desde el punto de vista editorial, que se llevaran a cabo con motivo de la celebración de los 50 años de la llegada del hombre a la luna, 20 de julio de 1969, y ello con sentido pedagógico y de muy personal interés; nos luce sugestivo el participar en tan extraordinaria conmemoración por lo interesante del tema, su valiosa y profusa información existente lo que nos permitirá hacer acopio de la misma; y de esa manera concebir algún aporte desde el punto de vista de nuestro enfoque: La Geopolítica aplicada a la era espacial.

Esta escritura, con la que intentamos registrarnos como esfuerzo editorial, nos exigirá el hurgar por allí, por la cantidad de material bibliográfico existente : periodístico, cinematográfico, libros, documentos originados por la Organización de las Naciones Unidas y las Agencias Espaciales, informes, registros fotográficos, opiniones de expertos en la materia de las que , con su anuencia nos haremos parte , reconocidos créditos que les asisten y serán referidos en el material consultado; de forma tal que ya en posesión de tan valiosa información, abundante por lo demás, desde los inicios de la carrera espacial entre la Unión de

Repúblicas Socialistas Soviética y los Estados Unidos de Norteamérica en 1957 ,hasta nuestros días con la presencia de otros países y organizaciones públicas y privadas que se han incorporado a la exploración del mundo exterior; podamos inscribirnos con nuestro aporte.

Tiempos aquellos, los de la Guerra Fría desde sus inicios luego de finalizada la II Guerra Mundial, hasta la caída del Muro de Berlín en 1989 y posteriormente la desintegración de las estructuras políticas federales y el gobierno central de la Unión de Repúblicas Socialistas Soviéticas en 1991, presencia de ese espectro de la guerra en los escenarios en los que las hipótesis evidenciaban la amenaza con las intenciones de un enfrentamiento , peligroso recurso para dirimir el conflicto esgrimiendo como arma la utilización de la energía atómica y en la que los argumentos para justificar la tensión lo eran la consabida Seguridad Nacional, inevitable el no utilizar ese retorico expediente por los países que pugnaban por hacerse de los primeros resultados en esa iniciada contienda en el marco de la Guerra Fría: La Exploración del Espacio.

Los ineludibles fundamentos ideológicos no dejaban de ser unos testimonios en los que se sustentaban los conflictos en tensión: bloques, el occidental de corte capitalista, contra la parte opuesta, la del Este, con el comunismo que, cual fantasma recorría Europa y con visibles intenciones de propagarse por otros confines.

En la ecuación del conflicto entre los dos Bloques, el poder era una incógnita a develar, quien lo tenía sería un letal elemento para esclarecer la incógnita , la que se lograría a través del desarrollo tecnológico para alcanzar el objetivo, la Luna en sus inicios, superioridad de la URSS evidenciada cuando el primer satélite, el que recogía información científica en sus instrumentos de medición en los que "la densidad de las capas altas de la atmosfera y la propagación de las ondas de radio en la ionosfera"; mientras se paseaba por el espacio sideral.

Primeros hallazgos sobre lo que se encontraba en ese ese universo desconocido y recogidos por aquella nave espacial el 4 de octubre de 1957, el Sputnik I, primero de una serie de satélites artificiales lo que le daba la preeminencia a la Unión Soviética en la ruta para despejar la incógnita sobre lo que se encontraba en la inmensidad de los espacios que circundaban la tierra y el descubrir del planeta.

Humberto Silva Cubillán

Tú hiciste la luna para medir los tiempos;
el sol sabe cuándo debe ocultarse.
Dejas caer las sombras, y anochece;
y entonces corretean los animales salvajes.
Rugen los leones que van tras su presa,
y reclaman la comida que Dios les provee.
Cuando sale el sol, corren a sus cuevas
y satisfechos se tienden a descansar.
Sale entonces el hombre a sus labores,
y trabaja hasta que cae la noche.

Salmos 148:3

Capítulo I.

El origen del Universo, entre la Creación, las Teorías y los Mitos.

De la Biblia tomamos el Salmo en referencia, y esto en relación a quienes profesan la religión católica (la luna se menciona con mucha frecuencia en el Corán la que, al igual que el Sol, son los signos del poder) lectura aquella que nos acompañará en el recorrido de éste camino que emprendemos, Epígrafe por medio del cual intentamos dar algunas luces sobre el tema que abordaremos y ello a partir de las Sagradas Escrituras, palabra de Dios transmitida por inspiración divina del Espíritu Santo, Antiguo y Nuevo Testamento que de ello dan vigencia escrita. Así como ciertos apuntes extraídos del Corán.

Los pasajes bíblicos dan cuenta de la teoría que se ha aceptado y para su difusión la liturgia religiosa ha utilizado los

Salmos , suerte de poema religioso para alabar o venerar a Dios, en este sentido uno de ellos es el registro que tomamos de los citados libros en el que se sostiene que es el Sol el que se mueve y no la tierra, referencia que es extraída de los sucesos de la Batalla de Gabón, cuando Josué, jefe de los israelitas ordenó al sol que se detuviera, y no a la Tierra…" Sol detente en Gabón; y tu Luna en el valle de Ajalon.Y el Sol se detuvo y la Luna se paró, hasta que la gente se hubo vengado de sus enemigos…"

La Biblia, ese conjunto de libros canónigos en los que el judaísmo y el cristianismo fundamentan sus creencias religiosas y difusión a través del tiempo para perpetuarse y que, siendo producto de la inspiración de Dios, son un reflejo de la relación entre éste y la humanidad para profesar la Fe. En su extensión hace uso de los Versículos los que, en líneas generales, son la manera de dividir en frases o fragmentos cada capítulo los que se consideran didácticos ya que tienen un objetivo muy bien definido como lo es el de enseñar, en sentido pedagógico y sobre la práctica de los principios morales y éticos.

Los Versículos, 31.173 están contenidos en el Antiguo y Nuevo Testamento y dentro de los que encontramos 39 que dan tratamiento en sus contenidos a la Luna, a la existencia de los cielos, el sol, las estrellas, ya de la noche, los sueños, las lumbreras, las leyes de la luna y de las noches, y son enunciados como Salmos, haciendo alusión al Génesis, los Corintios, de los profetas como Jeremías, Isaías, Mateo, Marcos, Joel, Ezequiel, así como del Génesis, del Apocalipsis , libro de carácter profético en el que encontramos revelaciones dantescas, de fin de mundo y el Deuteronomio, secuencia de código de leyes, exhortaciones, advertencias y reproches, promesas y amenazas ante el incumplimiento de los preceptos contenidos en la Biblia.

No nos hacemos parte desde el punto de vista de las religiones, ni de ninguna teoría en especial, en cuanto a los orígenes del Universo, aclaratoria que hacemos por la referencia del Salmo y las Sagradas Escrituras y sería preciso dejar bien en claro que en cualquiera de las teorías que dan tratamiento al tema, el de la Creación del Universo, el planeta Luna, que es el tema central de nuestro ensayo, en todas ellas se da como cierta su existencia. De la Luna, acentuamos.

Independientemente de que existan las más variadas teorías acerca de la Creación del Universo, para algunos el que " era una singularidad infinitamente densa, matemáticamente paradójica , con una temperatura muy elevada en un momento dado comenzó a expandirse, generando una gran cantidad de energía y materia separando todo"… o, la más aceptada ,esto en cuanto a los componentes que lo integran " …es la materia que conforma el universo que se encuentra concentrada en las galaxias, que no son más que grandes conglomerados masivos de estrellas, planetas, nubes de gas, energía….

A título de referencia, y esto en razón a que no es tema que sea el central de nuestro ensayo y que en cualquier caso de su profundidad científica ya habrá quien de ello se ocupe, no nosotros propiamente, nos concretaremos solamente a mencionar las preminentes teorías (existen otras clasificaciones de las que guardamos prudente distancia ya que ello nos llevaría a incursionar sobre terrenos sumamente desconocidos y no estamos en condiciones de desplazarnos por esos terrenos a la vez que , de hacerlo, más que aclarar al estimado lector que por estas páginas se acerque, contribuiremos a confundirlo)   que sobre la materia, las que tratan de explicar el origen del universo lo que a manera ilustrativa lo haremos , y ello se inscribe en práctica de la que hacemos uso, es decir dar algunos elementos para que quien tenga interés en el tema , disponga de un camino, de los tantos que encontrará, a seguir. Ellas son, las cuatro en cuestión: Teoría del Bing Yang, la Teoría Inflacionaria, la del Estado Estacionario y la del Universo Oscilante.

Sin embargo, se hace necesario precisar que cualquier posición que se fije, no es nuestro caso ya que las menciones que hacemos   no pasan más que ser de elemental referencia, guardando distancia para que no se nos identifique con algunas de las teorías que existen, ya que sea la que la autoridad de la iglesia fundamenta sus verdades en la Fe, en contra de las de que quienes lo hacen sobre las verdades de la ciencia, en ambas con diferentes visiones del Cosmos.

Y allí , en ese ilimitado espacio , gravitando la Luna como satélite natural de la Tierra, ambas verdades acordes con una visión del cosmos en el que la Tierra era el centro alrededor del cual giraban los demás cuerpos celestes, los que para aquel entonces se habían descubierto, atribuido a Galileo Galilei , quien propicio la revolución científica durante el Renacimiento , iniciador del conocimiento de la astronomía y la física, quien no lo fue en virtud de que ya Copérnico le había precedido en esos estudios; riesgo de aquel porque la autoridad eclesiástica reprimía a quien, o quienes, se dedicaran a esos estudios o divulgación, profanando los principios cuyos fundamentos estaban referidos por la Fe. Y pago con sus consecuencias quedando para la historia su célebre y lapidaria frase: ¡Eppur si muove!

De los mitos, algo más que un cuento, esa imagen que desde los cielos nos acompaña durante las noches, adquiriendo formas y tonalidades acorde con las fases en la que le encuentre, es decir si su parte iluminada está del lado izquierdo se le conoce como Creciente, por lo tanto si se le encuentra esa iluminación por el lado derecho seria entonces Menguante; mitos, símbolos e imágenes de la luna que han inspirado a las sociedades para mancomunarlas a las divinidades, fascinación del astro como símbolo femenino, inspiración llevada a la estrofas de una poesía y la misma prosa , la música, a través de los siglos.

Desde los tempranos días de la humanidad las sociedades han hecho de los mitos, cuya difusión se vale del lenguaje oral derivando de ello las más variadas versiones y perpetuidad , parte de su existencia y han enriquecido su cultura conciliando doctrinas diferentes, ya asimilando los más diversos elementos, artísticos, de lenguaje, arte, gastronomía, etc. de cuyo sincretismo la mitología en su complejidad ha estado en relación directa con la cantidad de creencias de cuya aceptación su desarrollo ha dependido, haciendo énfasis en que con las explicaciones filosóficas o científicas de esa manera, de ver la existencia en los mitos, en el   tiempo , han tenido serias divergencias. O por lo menos parte de ellas.

Si de la luna, adecuando nuestras pesquisas al tema que nos ocupa, lo seria en este caso la Luna en atención a la mitología, secuencia de las creencias y teorías sobre la existencia de mundo en el que habitamos, la representación femenina de la misma bien se podría encontrar en alguna cultura, la Diosa Madre representa el poder de la mujer, así como para otras una deidad masculina, ora como símbolo de la misma, la Luna, seria común encontrarla en la representación del mundo animal, allí: la rana como animal lunar portadora del agua, así como su congénere el sapo, salvedad de que éste es relacionado con la humedad.

Una variación la encontraríamos en otra pieza de la fauna silvestre, la liebre para otras culturas es un animal lunar y atributo de todas las deidades de muchas antiguas mitologías, así como la luna representa la resurrección y el renacimiento, en tanto para otras la intuición y la luz en la oscuridad, o atributo tardío como Reina del Cielo, la media luna, para otra.

Capitulo II.

Dos potencias se enfrentan en la carrera espacial.

Los enfrentamientos que se generarían entre las dos superpotencias, Estados Unidos de Norteamérica y la, para ese entonces Unión Soviética, finalizada la II Guerra Mundial, profundas diferencias, heridas que no se habían restañado finalizada la contienda y muy por el contrario se acrecentarían; darían fundamento a la conformación de dos bloques diametralmente opuestos y erigidos sobre la base de dos conceptos socio políticos antagónicos. Diferencias que a la postre se evidenciaría que eran irreconciliables, es decir el antagonismo entre el Capitalismo y el Comunismo.

De allí el Comunismo en cuyo movimiento político se inscribieron aquellos países que quedaron bajo la órbita de la Unión de Repúblicas Socialistas Soviéticas, bases fundacionales del mismo que promovían la vigencia de una sociedad sin clases y cuyos medios de producción serian de propiedad común, es decir negación de la propiedad privada y el poder en manos de la clase obrera; y el Capitalismo, en esencia aceptado por aquellos países que se aliaron con los Estados Unidos de Norte América contra los del Eje, un sistema económico fundamentado en la existencia de la propiedad privada de los medios de producción, las leyes de la oferta y la demanda y el capital como generador de riquezas.

Conferencia de Yalta con Stalin, Churchill y Franklin D. Roosevelt. Suele considerarse como el comienzo de la Guerra Fría

Seria innegable pensar que, de cara a esas profundas diferencias, cabrían posibilidades de coexistir a la sombra de unas relaciones internacionales normales por la ficción de una confianza mutua, base fundamental de la diplomacia, para poder dialogar, zanjar las diferencias, tender puentes de entendimiento y vivir en paz.

Muy por el contrario, la suma de todas las imputaciones, señalamientos, en ambos sentidos, todas esos desacuerdos surgidos y sin encontrarse forma alguna para canalizar aquellas progresivas tensiones, trajo como consecuencia que de "esos polvos surgieran aquellos lodos": la creciente tensión condujo a la organización militar para la resolución de los conflictos, por una parte, el Tratado de Amistad, Colaboración y Asistencia Mutua, más en común denominado **Pacto de Varsovia**, firmado por los países del Bloque del Este, la Unión Soviética y sus aliados , data de su creación que se tiene la del año 1955; y la **Organización del Tratado del Atlántico Norte**, ungida al amparo de los Estados Unidos de Norteamérica y sus Aliados, ya de entonces en funciones, cuando la historia nos remite al año 1949.

Y subyaciendo en ese encendido entorno surgiría un mecanismo para intentar neutralizar ese enfrentamiento político, económico, social, militar, informativo y científico: la Guerra Fría, acepción atribuida a **Bernard Baruch**, consejero del presidente **Harry S, Truman**, no obstante, ello, del vocablo, si bien no había sido calificado como tal: Guerra Fría, previo a haber finalizada la II Guerra Mundial ya se percibía, a luz de la intensidad de los acontecimientos, una amenaza en ciernes y ello desde el mismo momento en el que la Unión Soviética había establecido un control sobre los países de su órbita, los países de la Europa del Este.

Alerta, sobre lo que se vislumbraba, que va surgir de la claridad de **Winston Churchill**, en 1946, quien considerando preocupante el incremento de los partidos comunistas en Europa, y la influencia de la Unión Soviética lo que va a desencadenar la hipotética guerra, a lo que se va oponer considerando que se debe contener el comunismo dentro de las fronteras de los países de su ideología, desplegando los Estados Unidos un sistema de bases militares en Gran Bretaña y Alemania Occidental, rodeando a la Unión Soviética, y desplegando los primeros bombarderos con armas nucleares dirigidos hacia las fronteras enemigas, a lo que riposto la Unión Soviética solicitando a Turquía autorización para establecer una base naval en los estrechos del Mar Negro.

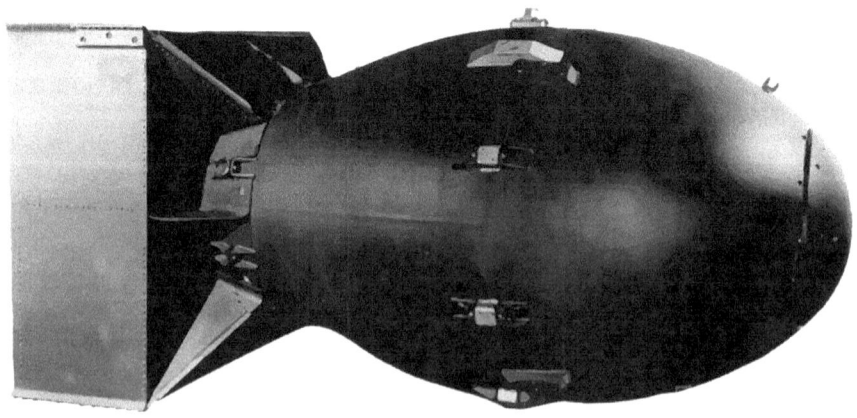

Las pruebas llevadas a cabo de las letales bombas atómicas, ya en 1949, y lo propio hacían los Estados Unidos tres años después, con la primera bomba de hidrogeno cuya activación se ejercería por medio de la energía nuclear y los resultados serían dantesco.

Búsqueda de nuevos horizontes, el Espacio Sideral, emprendida por las dos potencias constituidas luego de finalizada la II Guerra Mundial, en la que subyacía la indefinida Guerra Fría como común denominador de cualquier acontecimiento y de cualquier naturaleza, que se presentase en la esfera terrestre o la inmensidad de los mares , ya que sobre el espacio que nos rodea y que, diríamos, no ocupados, los del Cosmos requerirían , por razones de legalidad, lo que se imponía en razón al inicio de la Exploración Espacial.

Se colocaba así, o al menos se intentaba, un orden ante la inexistencia de una normativa jurídica internacional que regulara la actividad espacial, fundamentos legales de capital importancia para resolver cualquier conflicto que se presentase entre las dos potencias mundiales que habiendo surgido de la II Guerra Mundial, y más aún enfrentadas en unos escenarios tan inesperados como confusos en los que la utilización de las herramientas de la Guerra Fría, ensombrecido espectro incubado luego de la finalización de la II Guerra Mundial; conducirían a unos resultados insospechados.

De dar, virtualmente, el primer paso se encargaría el presidente **Dwight Eisenhower**, y no propiamente en el sentido de sancionar durante su gestión de gobierno ley alguna en el sentido de haber sido dictada por el legislador como un precepto legal establecido, quien estimulado por el adelanto de la Unión Soviética al enviar su primer satélite al espacio, el 29 de julio de 1958, funda la **Administración Nacional de Aeronáutica y del Espacio (NASA)**, según la Ley Publica 85-568, Ley Federal de los Estados Unidos de Norteamérica, derecho que le asistía en función de las responsabilidades de un Jefe de Estado quien se reservaba la facultad de crear leyes a cumplirse en el ámbito de sus espacios geográficos; para contrarrestar el naciente poderío

tecnológico de la Unión Soviética, rompiendo con ello el equilibrio geopolítico que podía estar existiendo ,en cuanto al esfuerzo militar y apresto operacional de ambas potencias.

Una segunda nave espacial soviética, llevando en sus compartimientos material biológico, transmisores de radio, sistema de telemetría, una unidad programable, un sistema de control de regeneración y temperatura, así como instrumentación científica y, en una cabina presurizada, viajaba el primer ser vivo, Laika, una inocente perra; prendería las alarmas en las esferas gubernamentales norteamericanas.

La respuesta de los Estados Unidos de Norteamérica, quien iba a la zaga y en una alarmante desproporción, de ello daría cuenta el fracaso de su primer intento al enviar al espacio, e intenta colocar en órbita un satélite de escaso peso, el **cohete Vanguard**, quien iría a estallar y a dar con sus restos en la misma base de la plataforma de lanzamiento en **Caño Cañaveral**, área situada en la costa este del estado de la Florida, y que desde el 24 de julio de 1950 era el centro de actividades espaciales, razones de índole geográfica a ello motivaron a las autoridades aeronáuticas ya que los lanzamientos se realizarían en dirección Este lo que permitía hacerle un seguimiento a los cohetes, así como la cercanía del Atlántico era el lugar más indicado para la proyección de descensos al menor costo, en cuanto a los daños que se pudiesen originar al regresar a la tierra.

Las presiones, a todos los niveles, obligaron al presidente Eisenhower a tomar grandes decisiones, poco parecidas, a diferencia de los escenarios en los que había tomado las decisiones que condujeron a los Aliados a su victoria en la II Guerra Mundial, frente a las Fuerzas de Eje; de allí el fundar la NASA (como tal ya que como base de lanzamientos existía dese 1950) multiplicar el presupuesto , disponer que los programas espaciales fuesen conducidos por los militares e incorporar al programa al científico alemán **Wernher Von Braun,** fueron las más inmediatas medidas para evitar el distanciamiento de los soviéticos en los horizonte de la guerra espacial.

El Cosmonauta Yuri Gagarin, primer ser humano en órbita

Capítulo III.

Cuando la Unión Soviética se adelantó por las alturas del Cosmos.

Las iniciativas emprendidas por las dos potencias que emergieron luego de finalizada la II Guerra Mundial, la Unión Soviética y los Estados Unidos para explorar el universo, lo hicieron bajo sus doctrinas socio económicas que entre si guardaban profundas diferencias ideológicas; fueron, en principio, capitalizadas por la Unión Soviética quien con el programa espacial van a desarrollar , en primera instancia sus iniciativas cósmicas desde el año 1957 , historia recogida de los documentos oficiales, de cuya validez, desde el punto de vista de una investigación lo son de primera mano, otros producto de artículos de prensa, revistas especializadas, opiniones de expertos, obras escritas, etc. más de su fiabilidad si bien no damos fe, tampoco tenemos fundamentos para de ellos disentir.

Haciendo abstracción de referencias que demuestran que previo a estos intentos, ya un personaje de la época durante la existencia del Imperio Ruso, antes de la I Guerra Mundial, había escrito y hablado sobre los cohetes múltiples, así como para los años treinta del siglo XX se había lanzado por los espacios siderales un cohete hibrido de combustible especial, progreso que se va percibir cuando en plena efervescencia de la II Guerra Mundial, años 40 y 41, la propulsión de los cohetes se efectúa por

intermedio de un sistema, novedoso para la época, denominado Katyuska y designado para adelantar el proyecto a **Dimitri Ustinov** quien a la sazón era el director de la fábrica de armas para supervisar la evacuación de la industria de defensa al Este, lejos del alcance de la aviación alemana.

Integraba el proyecto ,también, Serguei Koroliov diseñador e ingeniero, así como que se valieron de planos capturados a los alemanes y de un científico alemán, Helmut Grottrup, logrando construir una réplica del V-2, con el nombre de Cohete R-1, lo que se va a iniciar en 1948, tardando 8 años en finalizar el proyecto, con el aporte de ingenieros alemanes dado el atraso tecnológico soviético en relación con Alemania; sentando con ello las bases para la iniciación de la etapa de la construcción de naves espaciales.

Dos años después de finalizada la II Guerra Mundial, en julio de 1947 y con el soporte de ingenieros alemanes llevados al territorio soviético, por decreto el gobierno soviético da por aprobado el utilizar los V2 productos del botín de guerra en campo de pruebas de Kapustin Yar, lo que se va a llevar a cabo entre septiembre y octubre de 1947.

13 institutos de investigación y 35 fábricas, por resolución del gobierno soviético son puestos a disposición del proyecto para desarrollar la producción del motor RD -100, copia del V2, pruebas a los que van a ser sometidos para propulsar el cohete. En mayo de 1948 se hicieron 10 pruebas y 20 al año siguiente y 20 a finales del mismo año 1949.

En 1950 el misil fue aceptado, sorteando serios inconvenientes, para entrar en servicio, no siendo sino en junio del año 1952 que es totalmente finalizado y en agosto del mismo año el primer misil sale de los talleres de ensamblaje, pruebas que siendo el 28 de noviembre de 1952 cuando sale de la fábrica el primer misil.

El Programa Espacial, ante las exigencias del gobierno soviético, quien no cesaba en sus intentos para desarrollar satélites y en el entendido que de alguna manera estarían al tanto de los que los americanos hacían en el mismo sentido; requería un presupuesto cónsono con la dimensión se sus intereses, es así que incluido en el Plan Quinquenal, a lo que se sumaban apoyos del Ejercito, en 1956, los primeros meses del año si consideramos que dichos planes por lo general para esa fecha se plantean, fue aprobado el Plan para desarrollar satélites que les permitieran tener acceso a información sobre las incógnitas del espacio y adquirir experiencia a los efectos del uso militar de aquello que estaba en su propuesta de desarrollo, en ese ámbito muy en especial. El 4 de octubre de 1957, el **satélite Sputnik 1** fue lanzado por los espacios, con éxito, por un cohete R7 cuyo peso era de 280 toneladas y con capacidad de transportar 5,5 toneladas a una distancia de 7000km; el primer satélite artificial sorprendiendo no solamente a los americanos, sino al mundo entero.

El 3 de noviembre del mismo año, 40 Aniversario de la Revolución Rusa, con el objeto de comprobar el comportamiento de un ser vivo en la órbita de la Tierra, el Sputnik2, equipado con instrumentos para medir los rayos cósmicos y la radiación solar en forma de rayos X y ultravioletas y como único tripulante la perra **Laika**, la que recogida de los suburbios de Moscú a sus aperos adheridos al cuerpo los científicos soviéticos le fijaron unos sensores biométricos con el objeto de medir el comportamiento de sus signos vitales, así como los datos sobre los efectos fisiológicos en un viaje espacial que duraría una semana, comida y agua para esos días ya que no estaba previsto que regresara a tierra; versión modificada para colocar en el espacio el primer satélite artificial y fundamentos técnicos y tecnológicos para desarrollar sucesivas generaciones de satélites, tales como: **Soyuz, Molniya, Vostok y Vosjod**.

Los costos de construcción del **Sputnik 2**, a lo que se sumaba el no estar diseñados para ser construidos en unas líneas en masa, la construcción y mantenimiento de los silos de lanzamiento, ubicados en remotos lugares y otras variables como el de difícil acceso y los mismos costos, así como la presencia en los cielos de la Unión Soviética de los U2 norteamericanos, se hacía materialmente imposible ocultar aquellas descomunales instalaciones, haciéndolos muy vulnerables y dando con el traste a esta iniciativa, la que no obstante haber sometidos a modificaciones, en 1960, no dieron los resultados deseados.

Estimulados por el éxito del Sputnik 1, en sus proyectos estaba el desarrollar una nave espacial tripulada, es entonces cuando entra en proceso de producción la nave **Vostok**, previo a este vuelo hubo dos mas no tripulados que utilizaron unas naves de este tipo, Vostok; ingresando a los anales históricos el 12 de abril de 1961, como el primer cohete espacial de dicho programa, así como la primera misión espacial tripulada correspondiendo al cosmonauta **Yuri Gagarin** el haber alcanzado ese privilegiado sitial en la historia.

Vuelo que se redujo, y vaya que era suficiente, a ejecutar una sola orbita a 315 km llevando a bordo equipo de vital interés como lo era radio y televisión para monitorear las condiciones en la que encontraba el cosmonauta, y fue así que a las 9 de la mañana del 12 de abril de 1961 desde el cosmódromo de Baikonur se elevaba raudo por los cielos de la Unión Soviética el **Vostok-1** y en los mandos del mismo el piloto, **Yuri Gagarin**, a quien se le preparo rigurosamente desde el punto de vista físico para adecuarse a los rigores del espacio, el encierro en la capsula, a los impactos de las maniobras de despegue, aproximación final y aterrizaje, como alguna eventualidad producto de los giros de la nave sin control en el espacio.

Recreación de la cápsula de Vostok 1 con Yuri Gagarin

La representación del proyecto diseñado para demostrar los alcances logrados, luego de tantos años de investigación, para dejar evidenciada la capacidad del hombre en desarrollar sistemas que

les permitiesen a la humanidad llegar a los lejanos cuerpos celestes que orbitaban alrededor del Sol a los que se les había acercado, a los ojos del ser humano, a la breve distancia que le permitían los telescopios.

El joven piloto con un entusiasta ¡Vámonos! se perdía en la distancia en búsqueda de un privilegiado lugar en la historia, anales que llenaría con el exitoso regreso luego de cumplida la histórica misión, no obstante haber tenido que superar situaciones técnicas que se le presentaron a la nave, una de ellas orbitando ya sobre el planeta a unos 100 kms de altura, cuando en la nave se tenía que apagar el motor de la tercera etapa pero problemas surgidos en el sistema de radio obligaron a apagar el motor, activando un temporizador automático del sistema de seguridad alterno.

Una sola órbita alrededor de la Tierra en aquella capsula duro el viaje, duración de 108 minutos entre el proceso de lanzamiento hasta el de aterrizaje, teniendo su tripulante que eyectarse y caer en paracaídas caso contrario si su caída hubiese sido dentro de la capsula, inminentemente hubiese perecido ya por el impacto con a tierra y en el mejor de los casos, de haber sobrevivido, lo hubiese sido por un milagro, no propiamente dentro de las creencias religiosas de esa sociedad, ya que el sistema de frenado ante esa velocidad de descenso poco positivo se hubiese esperado.

Contratiempo, el de no haber cumplido totalmente el viaje al tener que hacer uso del paracaídas, que fue utilizado para intentar ensombrecer el éxito del vuelo y de Gagarin al considerar que por ello no merecía el ser calificado como el primer cosmonauta en haber logrado aquella hazaña, controversia que con los años ya ha sido superada y no ha empañado el resultado del histórico viaje del Vostok-1, con un hombre abordo.

Yuri Gagarin, quien con la frase que expresaría, así lo ha recogido la historia en las crónicas de la época: *"La Tierra es Azul"* ... lo que sí se difundió con cierta propiedad, es que el cosmonauta dijo desde el **Vostok 1** al orbitar la Tierra: **"pobladores del mundo, salvaguardemos esta belleza, no la destruyamos"** y otra atribuida a el mismo..." Aquí no veo ningún Dios", dudas que han existido al respecto, es decir que Gagarin las dijera en su euforia triunfal y en el contexto de su emoción, aunque al decir si fueron emitidas por Nikita Jruschew cuando expresara…"; entraría con honores por las puertas de la historia.

La proeza de Gagarin, éxito para el Comunismo mundial. Fidel Castro abraza a Yuri Gagarin.

La Guerra Fría, aquel enfrentamiento político e ideológico en plena efervescencia entre Estados Unidos y la Unión Soviética por querer imponer sus hegemonías desde la finalización de la II Guerra Mundial, suma de eventos que pudiesen haber estado originados por la repartición de Alemania entre las dos potencias lo que dio origen a los dos bloques, comunista y capitalista, en los que subyacía el Pacto de Varsovia y la OTAN, caso de no ser la principal motivación a la operación aritmética, se agregaría el desarrollo de armas atómicas por parte de los Estados Unidos, prendiendo las alarmas en los cimientos de la Unión Soviética; fue parte muy importante para que esas relaciones que amenazaban el desencadenamiento de un tercer conflicto, dentro de las hipótesis que derivaban de que aquellas tensiones podría desencadenarse una guerra nuclear; el clima frio impuesto por esa enigmática forma de dirimir los eventuales conflictos, el uso de las armas y más aún las nucleares, temores que neutralizaron el llegar a mayores consecuencias que no lo fuese el intercambio de amenazas , incluida la Crisis de los misiles de Octubre, teléfono rojo cuya bocina fue tomada para bajarle la temperatura a la hipótesis de esa guerra, grados de compresión que los estadistas que de ambos gobiernos, sus Presidentes, sacaron a relucir.

Titov, Khrushev y Gagarin, 1961

En ese escenario, el de la Guerra Fría acechando , las ambiciones geopolíticas de esas dos potencias encontrarían asidero para extender fuera de los ámbitos terrestres y marítimos sus cofines, ya estudiadas y aplicados esos pensamientos de finales de Siglo XIX y XX, más inexploradas en el Cosmos, espacio que se convertiría en el contexto de una peligrosa extensión de esa Guerra, desde el mismo momento en el que la Unión Soviética, cuyo desarrollo en cuanto adelantos tecnológicos Espaciales era evidente; se materializaría ese progreso, de cara a Estados Unidos, en el tiempo de recorrido por aquella nave soviética, **Vostok-1** que en el primer vuelo orbital tripulado, protagonismo del cosmonauta **Yuri Gagarin** durante 1 Hora y 48 minutos los cielos del planeta, a quien se le rinde culto a su memoria y heroicidad; marcaria la diferencia inicial de aquel enfrentamiento por llegar primero a ls Luna, el gran premio en aquella carrera Espacial.

Aquel salto que daría **Neil Armstrong** cuando llegó a la luna, para estos días hace 50 años, quien consideraba como propio el éxito para la humanidad y no de él en particular, así se interpretó, sería un hito más de cuya importancia sería injusto el considerar, mas no fue más, y lo fue en demasía, que un punto de pivote para continuar en ese proceso que parecía indetenible en extender sus

dominios las dos potencias en conflicto, geopolítica que reclamaría nuevas concepciones que fueran más allá de las aplicadas en la tierra y el mar propias de los pensadores de los siglos XIX y XX, finales y comienzos de los mismos; de cuyas ejecutorias dieron cuenta daban cuenta los gobiernos, las guerras y los conflictos ,así como las normativas jurídicas internacionales en materia de la utilización del mundo exterior a partir de los mismos gobiernos, potencias diríamos más en concreto, que capitalizaban aquellos objetivos y la Organización de las Naciones Unidas.

Intentos indetenibles, salvedad de algunas etapas en las que por algunas razones los ralentizaban, políticas o económicas, alguno de los dos países en alcanzar sus objetivos expansionistas ultraterrestres los que se manifestaban en los avances en la exploración espacial que les ubicaría en los niveles de más elevados en materia de adelantos tecnológicos y concomimientos sobre la materia aun en ciernes; lo que a todas luces, y por la secuencia de los acontecimientos: el satélite Sputnik 1 y Gagarin en el Vostok, la balanza se inclinaba hacia los resultados obtenidos por la Unión Soviética, acreditándolos como los precursores de la exploración de los espacios cósmicos.

El Programa espacial de la Unión Soviética cuyos cimientes pudiesen encontrarse, históricamente, en los anales de la II Guerra Mundial, luego de finalizada, y la transformación mundial que surgía de esa conflagración mundial arrastraba consigo la necesidad de inaplazables cambios en las estructuras de las corrientes políticas y en el equilibrio de los poderes establecidos los que tendrían en los avances tecnológicos una impostergable imposición.

El cohete **R-7 Semyorka**, versión modificada que por sus características y las dificultades que acarreaba el espacial, siendo el que se utilizaría para colocar en órbita el Sputnik, constituyéndose así en el primer satélite y fundamentos en los que basaría el desarrollo de los subsiguientes cohetes, saldría en 1957 de las plantas de ensamblaje y lanzamiento constituyéndose en el primer misil intercontinental,

Con ello los créditos a la Unión Soviética como una superpotencia mundial que tenía en su poder, aparte el avance tecnológico, una herramienta de difusión y propaganda de sus logros (ya él envió de la perra Laika el 3 de noviembre de 1957 en el Sputnik 2 les había rendido sus réditos políticos y duro revés para los americanos) y de la doctrina comunista sobre la que se sustentaba su enfrentamiento ideológico contra el capitalismo de los Estados Unidos; contraparte en la búsqueda de los espacios que circundaban el planeta, horizonte fijado en aquel satélite natural que incesantemente orbitaba sobre nuestro planeta Tierra y que ambas potencias invertían sus mayores esfuerzos financieros y tecnológicos para alcanzar ese distante objetivo: La luna.

Aleksei Leonov, primer hombre en pasear por el espacio

Luego del exitoso viaje de Yuri Gagarin en la emprendida carrera espacial, hito que sería el indicador que marcaría la diferencia entre los logros iniciales obtenidos por la tecnología de ambas potencias, el 18 de marzo de 1965 el cosmonauta **Aleksei Leonov** en su **Vostok 2**, atado a una correa saldría al espacio permaneciendo en el mismo por 12 minutos y 9 segundos; y se constituiría en el primer hombre en "caminar" por el espacio a escasos cuatro años de la Unión Soviética haber colocado el primer cosmonauta en un viaje al mundo exterior. Al decir de los entendidos ese viaje marcaría el fin de una época en la que la supremacía de la Unión Soviética

A esa época, la que presagiaba el fin de los mejores amaneceres tecnológicos y geopolíticos de la Unión Soviética ya que fue víctima de una serie de sucesos que fueron socavando el entusiasmo reinante, acontecimientos trasmutados en tragedias las que incidieron en los programas espaciales y, en cierto modo, al desmembramiento de los objetivos en los que se fundamentaba el futuro de la carrera al espacio, y la preminencia geopolítica de la Unión Soviética, perceptible ventaja la alcanzada con esos esos dos viajes que le dieron un claro prestigio mundial y el " encendido de las alarmas" en las altas esferas gubernamentales norteamericanas que ya habían acusado esos dos transcendentales reveses.

Quien fuese uno de esos insignes personajes sobre los que los cimientes de la exploración del universo por parte de la Unión Soviética se sostenían y alcanzaron los mejores éxitos, el ingeniero **Sergei Korolev**, pionero de la misilistica y astronáutica y artífice de los logros de su país en la carrera espacial por encima de USA iniciaría esa serie de sucesos que dieron con el traste a esa carrera espacial de logros inalcanzables, hasta ese momento, por USA.

Quien el 4 de octubre de 1957 puso en órbita el primer satélite artificial, el Sputnik, en 1959 bajo su dirección la estación automática Luna 2 va ser el primer objeto hecho por el hombre en realizar un vuelo espacial, la bandera de la Unión Soviética allá ondearía.

Los años sesenta, promediando la mitad de la década, van a ser interesantes y ricos en logros y avances tecnológicos, en 1961 dirige los proyectos para la realización de las astronaves **Vostok, Voskhod y Soyuz**, el mismo año en el que Gagarin cumple su hazaña, al año siguiente alzan el vuelo conjunto las naves espaciales Vostok-3 y Vostok-4 y en 1963 **Valentina Tereshkova** se convierte en la primera mujer en volar por el espacio,, así como en 1964 la Unión Soviética envía una nueva nave espacial, la Vosjod, tripulada por tres cosmonautas culminando la era de incansable investigador espacial cuando el 18 de marzo de 1965 Alexei Leonoy se convierte en el primer cosmonauta que realizaría una caminata por los espacios siderales.

Sergei Korolev, precursor de la misilistica y astronáutica y artífice de los logros de su país en la carrera espacial , el 14 de enero de 1966 a los 59 años fallecería durante una operación para extirpar un tumor, dejando unas tareas pendientes por ejecutar dos importantes proyectos: enviar un cosmonauta a sobrevolar la Luna, y poner otro en la superficie de tan ansiado trofeo, el que consolidaría los adelantos tecnológicos aeroespaciales de la Unión

Soviética y elevaría el prestigio mundial, ambos objetivos anotados en la agenda propagandística del régimen comunista, hasta que Leonid Brezhney presidente del Soviet Supremo durante su gobierno cancelo el programa espacial cuyo objetivo fuese la Luna.

Proceso de desgaste, los invariables costos de los proyectos y restaron motivación a la Unión Soviética para dar continuidad a los mismos, a los que se sumarian dos variables que fueron muy evidentes: ante los reveses sufridos por los norteamericanos,

quienes de por si necesitaban un impostergable un éxito en sus intentos y que la meta fijada por el presidente John F. Kennedy: " **Elegimos ir a la Luna en esta década**", cuya economía permitía fortalecer el desarrollo de un programa de esa naturaleza; cuando en contrario el presidente Nikita Kruschev sostenía que aventuras como la que habían emprendido, cuya motivador fundamental lo era Korolev, requerían una muy elevada inversión.

Quien, en consecuencia y a sabiendas que el interés del presidente Kruschev era producir más alimentos y construir más viviendas, orientó los programas a lanzar misiones menos costosas a la órbita baja de la Tierra, réditos cobrados en propaganda para el régimen, allí destacan en 1963 el vuelo orbital más largo, 5 días, y **la primera mujer en ir al espacio, Valentina Tereshkova**.

El 18 de marzo de 1965, como fecha clásica e histórica, se sumaría como otro hito: Alexei Leonov se convertía en el primer ser humano en realizar una caminata por el espacio, hazaña que marcaría el fin del programa espacial de la Unión Soviética, objetivo la Luna, a lo que se sumaban una serie de tragedias: el 14 de enero de 1966 Korolev, la imagen vivificante de la investigación soviética del cosmos, moría tras una cirugía de rutina de la que no se pudo recuperar; sin embargo lo que más golpearía las entrañas del régimen soviético se sucedería el 27 de marzo de 1968 cuando Yuri Gagarin, la enseña alegre del poderío soviético en la espacio, perdía la vida durante un vuelo de prueba causando con ello una consternación nacional.

El esquema de construcción del N1, de ello se encargaría el ingeniero Sergei Korolev hasta su muerte, para poner un hombre en la superficie lunar durante la carrera espacial con los Estados Unidos en la década de los 60, obra que continuaría **Vasily Mishin** y terminaría la construcción de ese cohete gigante, equivalente a Saturno V de la NASA, programa que fue cancelado en 1971, luego de 4 lanzamientos fallidos entre 1969 y 1972 , después de haber puesto los estadounidenses 12 hombres en la superficie lunar con el programa Apolo, programa que se mantuvo en secreto , la existencia de este cohete y del Programa Lunar N1/L3, hasta su desaparición en 1991.

Con el viaje hacia la luna despejado, ante el virtual retiro de la Unión Soviética, los indetenibles esfuerzos tecnológicos y financieros, dieron los anhelados resultados, el 20 de julio de 1969 el Apolo XI llegaría a la luna.

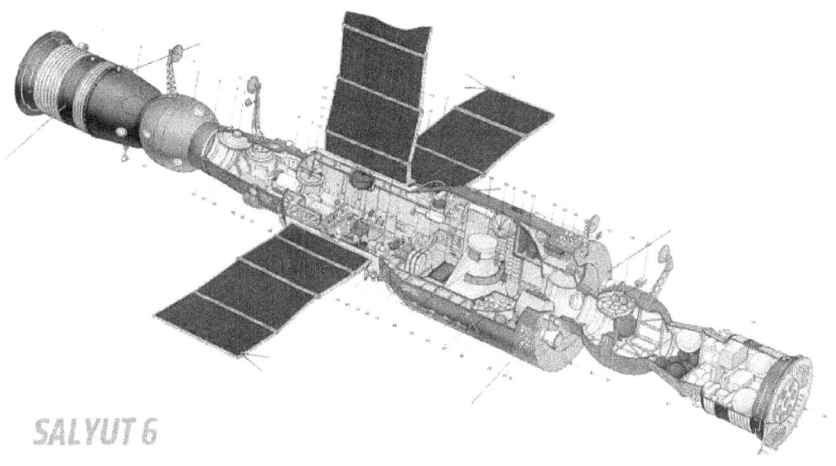

SALYUT 6

El programa espacial soviético, abstracción de continuar las pretensiones de llegar a la Luna, continuo su desarrollo y las referencias históricas evidencian que en esa etapa: siete estaciones orbitales espaciales Saliut, estudios sobre la luna, misiones interplanetarias de satélites y la cooperación con quien fuese su rival, en todos los órdenes más capitalizado por los proyectos que teniendo como objetivo final el alcanzar la luna, y de serlo lo que no estaría en los planes de los norteamericanos, Acuerdos de colaboración espacial y prohibición de ensayos nucleares y se concretaron a realizar vuelos conjuntos con estos, siendo el **Soyuz-Apolo** en 1975 uno de esos logros.

Ya dejado de lado sus intenciones de hacerse del mundo ultraterrestre lo que había originado la carrera espacial contra USA, la que finalizaría de una manera, si se quiere, abrupta por las eventualidades y situaciones político-económicas que surgieron en el seno del gobierno soviético, estos se replantearían otra manera de no perder en su totalidad la vigencia como potencia y lo que se refería al espacio era un vínculo que se podría tener otras retomar haciendo uso de una vieja práctica de la que históricamente, desde el nacimiento de Rusia con los eslavos en Europa entre los siglos III y VIII, con el correr de los siglos les había dado buenos resultados: la colonización.

Vista como un proceso de ocupación de un territorio, la luna, cuyas expectativas de descubrir ya no estaban en sus concepciones geopolíticas dado el resultado de la tan mencionada carrera espacial, la colonización se abría ante sus expectativas como una forma de vivir y trabajar en el espacio, vínculos que pudiesen ser de carácter político, militar, económico o cultural, no necesariamente la luna era un objetivo; sin dejar de vislumbrar que la relación con el hipotéticamente vencedor continuaba con su proyecto y con quien se habían firmado algunos acuerdos que pudiesen ser , a la larga, positivos para este nuevo concepto de emprendimiento espacia, la órbita Salyut , la primera estación espacial temporal en la historia, abril de 1971, ocupada por 3 cosmonautas durante 3 semanas, a la que se sucederían otras misiones y tiempo de estadía , cada vez más prolongadas.

Para 1986 la primera estación permanente, la **MIR**, proyecto en el que se invirtieron recursos y tiempo, 10 años, la que se convertiría en un laboratorio inmenso, suspendido con 7 módulos separados para astrofísica, ciencia de los materiales y estudio de la tierra, a la que concurrían periódicamente, por el lapso de 1 año, cosmonautas que se llegarían , en principio llegaban a través de la nave espacial Soyuz y luego, con los acuerdos con los norteamericanos, desde una plataforma de lanzamiento tripulaciones que se convertirían en verdaderos expertos de la vida en el espacio. La falta de financiamiento motivo a retirar a los astronautas, plataforma que continuo hasta abril del 2000 cuando envían técnicos a repararla, quienes retirados fue hecha descender hasta capas densas de la atmosfera donde se desintegraría y sus restos fueron a caer al océano Pacifico. Esto fue en el año 2001.

Estación Espacial MIR

Disuelta la Unión Soviética en 1991, el programa espacial quedaría en manos de Rusia, ante las dudas sobre su continuidad, razones económicas lo fueron, y ante los fundados indicios del destino de los técnicos e ingenieros aeroespaciales, los que fueran absorbidos por países de ideología contraria a la de los norteamericanos, el gobierno norteamericano propone a Rusia la exploración del universo de cuya aceptación los beneficios fusen compartidos en los términos fijados en el acuerdo , los americanos se beneficiaban de la experiencia de ese personal calificado y los rusos continuarían con sus expectativas de permanecer activos y dando continuidad a los proyectos propios de sus objetivos colonialistas.

La Estación Espacial Internacional, centro de investigación en la órbita terrestre administrada por una cooperación internacional, funciona como estación espacial, fue producto de la fusión, en principio de USA y Rusia hoy día participan: la Nasa, la Agencia Espacial Federal Rusa, la Agencia Japonesa de Exploración Espacial, la Agencia Espacial Canadiense y la Agencia Espacial Europea; siendo considerada guarda las improntas de la Unión Soviética durante 50 años de exploración del universo, tacita evidencia de que si bien no llego la Unión Soviética a alcanzar su objetivo de llegar a la luna.

Monumento a los conquistadores del espacio, Moscú

La historia ha recogido en sus anales que la presencia del hombre en el espacio en mucho contribuyo el férreo valor de la Unión Soviética por conquistar el espacio, que si bien no lo hizo en base a sus propuestas , el dejar de lado sus propósitos ideológicos , por las razones que fuesen, lo que no viene al caso ni es invitación nuestra al invitarles a ir de nuestras manos y en esta descripción históricas; lo que les hace ocupar un noble sitial en la historia y lo que con denuedo intentó hacer: Colocar un hombre en los confines del mundo exterior a nuestra tierra: La Luna...

Capítulo IV

Los Estados Unidos, a la zaga de la carrera espacial.

Si a los inicios de la carrera espacial, o guerra espacial, nos referimos como punto de referencia sería preciso acentuar que la señal de partida la daría la Unión Soviética y ello por los adelantos tecnológicos respaldados por el genio de la ingeniería y la cosmonáutica soviético Sergei Korolev con el lanzamiento del Sputnik1 el 4 de octubre de 1957, primero de una serie de 4 de esa serie con el mismo nombre, resultado de los más enjundiosos procesos de investigación y desarrollo de tecnologías que dentro de lo incipientes que eran aquella masa metálica de 83 kg que había sido puesta en órbita por medio de una plataforma de lanzamiento misilisticos R-7, describiría en el misterioso universo un elipse y daría un giro sobre la Tierra.

Con ese satélite artificial comenzaron a alcanzar objetivos ambicionados, iniciándose con este logro el recabar informaciones preliminares de invalorable importancia a los fines de los lanzamientos futuros como lo fue el conocer elementos que integraban la densidad de las capas altas de la atmosfera y la propagación de las ondas de radio en la ionosfera.

El mismo año 1957, a escaso un mes de la hazaña inicial, el 3 de noviembre, el **Sputnik 2** con una impresionada e inocente espacie animal, a la que el sobrecalentamiento de la nave dio con el traste a su existencia, se ponía en órbita alrededor de la Tierra, función principal la de colocar material biológico en una capsula en cuyas dimensiones cabía quien de ello se encargaría y daría su vida en beneficio de la humanidad: Laika.

A esa alerta temprana, sin ser esa su propuesta ya que evidentemente los americanos estarían al tanto de sus programas espaciales y su desarrollo al igual que estos de los de su contraparte, que enviaban los soviéticos con esos dos satélites Sputnik en misiones claramente definidas, responderían los norteamericanos de una manera, si se quiere "tímida", cuando el 18 de noviembre de 1958 desde **Cabo Cañaveral** impulsado por un misil Atlas se elevaba por los espacios el primer satélite de comunicaciones, el que a todas estas sería históricamente el primero, reentrando en la atmosfera en enero del año siguiente.

El complejo de Cabo Cañaveral en 1963, Florida, USA

El satélite fue diseñado y construido para evidenciar la posibilidad de lanzar sistemas de comunicación basadas en satélites y obtener la respuesta en cuanto a los problemas que se pudiesen presentar durante los viajes futuros.

Un equipo comercial de uso en el ejército, con las modificaciones del caso, cuatro antenas, dos para transmisión y dos para recepción, dos cintas magnetofónicas de cuatro minutos de grabación cada una, mensaje de navidad del presidente Eisenhower que fue retransmitido durante 12 días, sistema que se controlaba desde cuatro estaciones en diferentes partes de los

Estados Unidos, superando ciertas averías el objetivo se logró. Esa sería entonces la primera participación oficial, diríamos, de la potencia norteamericana en la carrera hacia el espacio.

La década de los años cincuenta, a finales de la misma, va a ser la etapa de la historia del desarrollo aeroespacial de ambas potencias, siendo los americanos con su programa de Cohetes y Satélites , en este caso con el **Vanguard 2** el que se inscribe en los anales cuando el 1 de mayo de 1957 es sometido a la primera prueba y cuyo objetivo era el de poner en órbita el primer satélite artificial de las Estados Unidos, siguiendo a la zaga al Sputnik1, hablamos del 4 de octubre de 1957, lo que no fue posible por razones técnicas correspondiendo, en consecuencia, al **Explorer 1**, 31 de enero de 1958 quien ocuparía ese lugar impulsado por uno cohete Júpiter C.

Al Vanguard, el 17 de febrero de 1959, lo pondrían en órbita siendo el primer satélite cuyos fines eran de asuntos meteorológicos tales como analizar el comportamiento de las nubes durante los primeros días en órbita, scanner instalado al interior de la nave que recogía esa información; en tanto que el 11 de septiembre del mismo año la Unión Soviética lanzaba la segunda nave del programa espacial Luna y dos días más tarde se estrellaba contra el Mar de la Serenidad, dando con ello el cumplimiento de la misión con éxito y pocas semanas después haría lo propio el Luna 3, con más complejos objetivos a cumplir.

Si bien el 12 de abril de 1961, a bordo del Vostok 1, la Unión Soviética lograría el mayor avance de la carrera espacial con Yuri Gagarin como héroe de tal hazaña, colocando

con ello a ese país a la cabeza de la contienda, los Estados Unidos con Alan Bartlett Shepard el 5 de mayo de 1961 en un vuelo sub orbital se convertiría en el primer astronauta lanzado al espacio abordo de la capsula **Freedom 7**, altura de 185 kms en un vuelo suborbital de 15 minutos, importante registro mas no superior al de Gagarin y en 1971, superadas algunas dolencias en el sistema auditivo fuese operado , dirigió la misión a la Luna abordo del Apolo 14, permaneciendo 33,5 horas en los alrededores de la Luna. En concreto Shepard sería el quinto astronauta en pisar la Luna y el segundo en ser lanzado al espacio después de Yuri Gagarin.

Tripulación del Apollo 8: Bill Anders, Jim Lovell y Frank Borman.
Primeros humanos en orbitar la Luna.

Sería el 21 de julio de 1961, luego de dos aplazamientos por mal tiempo, al **Liberty Bell 7** de **Virgil Grissom** le seria autorizado el lanzamiento, despegue muy suave reportaría el astronauta, vista panorámica que le impresionaría por el contraste entre la oscuridad del cielo con el "azul de las aguas, el blanco de las playas y el marrón de la tierra". 15 minutos después del despegue el Liberty Bell 7 exitosamente amarizaba en las aguas del Océano Atlántico.

En mayo de 1962, **Scott Carpenter**, en la imagen, uno de los siete astronautas que formaron parte del **proyecto Mercury** iniciado por la NASA en 1958 para recuperar el terreno perdido de cara a los rusos en la carrera espacial, se convertiría a bordo del **Aurora 7**, en el cuarto astronauta norteamericano en salir al espacio y el segundo en completar la vuelta a la Tierra, todo ello en menos de cinco horas, tres vueltas que daría. El proyecto culminó con la primera misión orbital en febrero de 1962, a cargo de **John Glenn**.

En esa secuencia lanzamientos al espacio para no dejar despegar demasiado a los rusos en esa carrera cuyos resultados, a todas luces y con los logros obtenidos por estos, les favorecían, es el 11 de diciembre de 1968 cuando los Estados Unidos con la misión **Apolo 8**, pone en órbita a tres astronautas: **Bill Anders, Jim Lovell y Frank Borman**, constituyéndose en la primera misión tripulada en alcanzar la velocidad requerida para salir de la gravedad terrestre, siendo los **primeros seres humanos en orbitar alrededor de la Luna**, **viéndole la cara oculta de la Luna** así como los primeros en ver la Tierra alrededor de otro cuerpo celeste, acontecimiento cuya histórica fecha lo sería el 24 de diciembre de 1968, amerizando de regreso sin complicaciones de ninguna naturaleza.

Considerada la misión más arriesgada entre otras razones la que el objetivo de su lanzamiento no , en principio, pera llegar a la luna, El recorrido del Apolo 8 estaba programado como un vuelo de prueba del módulo lunar, no obstante los demás módulos ya habían sorteado todas las pruebas en virtud de que ello se había probados en el vuelo que le precedió en los lanzamientos, más no el módulo lunar, y ante el temor de perder un tiempo en la carrera hacia la luna decidieron intercambiar tripulaciones y objetivos de las dos siguientes misiones.

Modulo "Spider" de la misión Apolo 9 realizando pruebas y configuración de aterrizaje

En los primeros meses de 1969 el programa Apolo continua los preparativos para el asalto final a la Luna. El **Apolo 9**, tercera misión tripulada del programa Apolo, fue lanzado el 3 de marzo, permaneciendo diez días en órbita. El comandante **James McDivitt**, el piloto del módulo **David Scott** y el piloto del módulo lunar **Rusty Schweickart**, realizaron varias pruebas exitosas para garantizar el aterrizaje en la Luna; desde los sistemas de navegación y maniobras de atraque del módulo lunar, a pruebas de soporte de vida de trajes, mochila, caminatas espaciales, e incluso maniobras de acoplamiento de dos naves tripuladas, éxito que solo dos meses antes había recaído de nuevo en los soviéticos gracias al acoplamiento y transferencia de tripulación entre las naves **Soyuz 4** y **Soyuz 5**.

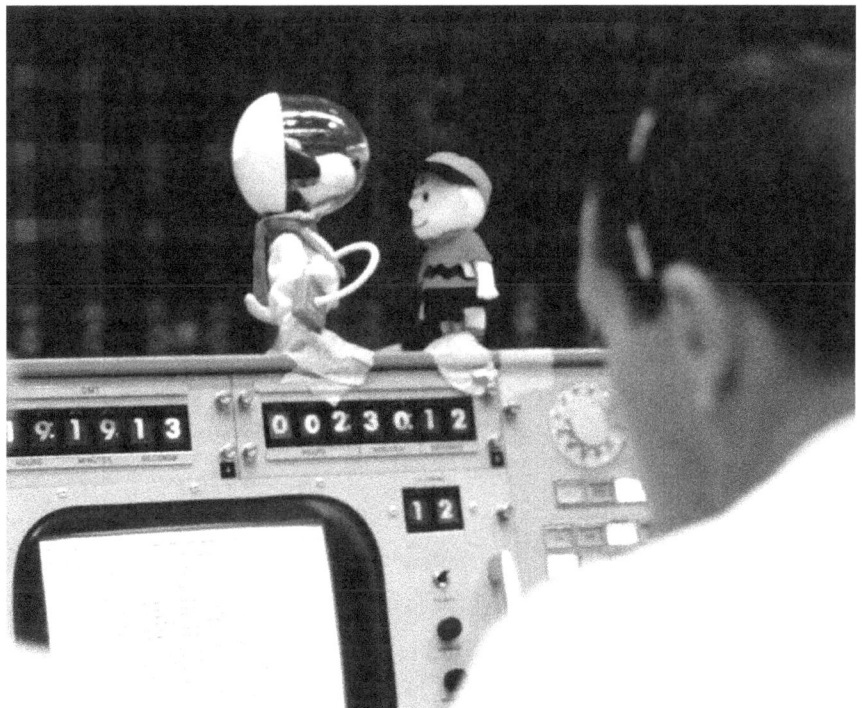

Centro de control de la misión Apolo X con Snoopy y Charlie Brown, nombre con el que bautizaron al módulo lunar y el módulo de acoplamiento de la misión.

Tres meses después de la exitosa misión del Apolo 9, la misión **Apolo 10** combina las pruebas de las dos misiones anteriores con el objetivo de situar el **módulo lunar "Snoopy"** en órbita elíptica a tan solo 14 kilómetros de la superficie de la Luna y realizar todas las maniobras esenciales para el aterrizaje, despegue y acoplamiento. El comandante **Thomas P. Stafford** y el piloto **Eugene A. Ceman** tomaron además multitud de fotografías de la zona de alunizaje y por primera vez se subió a bordo una cámara de filmación en color. Después de 31 orbitas alrededor de la Luna, el módulo se acopló al módulo de mando **"Charlie Brown"** y se dirigieron a la Tierra. Este ensayo colocaba, ahora sí, a la humanidad a tan solo un paso de la Luna.

Tripulación del Apolo 11. Neil Armstrong, Aldrin y Collins

El privilegio de convertirse en héroes de una de las mayores epopeyas de la historia de la humanidad estaba reservado a la tripulación de la siguiente misión del programa Apolo, el Apolo 11. El día 16 de julio de 1969 los astronautas **Neil Armstrong, Edwin Aldrin y Michael Collins** tienen una cita en Cabo Cañaveral para poner rumbo a la Luna bajo el mando del director de vuelo **Gene Kranz** y, gracias a la televisión, mantienen en vilo a todos los habitantes del planeta.

El cohete **Saturno V** vibra ferozmente atado a la plataforma después del encendido de los cinco motores F-1 hasta alcanzar el 95% de su empuje total. El espectáculo de aquella potencia de fuego sobrecoge a la audiencia hasta que los ganchos que retienen al cohete saltan para liberarlo de la plataforma y los mismos brazos de aquella estructura metálica se desplazan para no entorpecer el descomunal despegue de la nave. Se eleva con esplendor sobre la Península de Florida y ante los ojos de los espectadores, con todo el poder que le aportan los cinco **motores F-1**, consumiendo cada uno quince toneladas de combustible por segundo para liberar al ingenio de la fuerza de la gravedad de nuestro hogar.

El centro de control de Houston toma el mando de la misión estableciendo contacto con la tripulación, los cinco potentes motores F-1 se desprenden del cohete una vez agotado el combustible 160 segundos después del despegue, se inicia la segunda dase con los cinco **motores J-2** encargados de seguir ganando altura y velocidad.

Despegue del Apolo 11 en Cabo Cañaveral, 16 de julio de 1969

El artefacto sigue en su empeño por abandonar el campo gravitatorio de la Tierra. Los motores J-2 cumplen con su cometido en nueve minutos, se desprenden de la nave y se da inicio a la tercera fase, ya con un único motor alimentado por turbo bombas, cargado el combustible el cohete vuelve a acelerar, tan solo doscientos segundos bastan para que **Armstrong, Aldrin y Collins** sientan por primera vez la ausencia de gravedad, los motores ya no son necesarios, se apagan, Apolo 11 ha logrado situarse en órbita a 215 kms sobre la Tierra. Pasado el espectáculo del despegue, la humanidad baja los ojos del cielo para posar la mirada en los televisores expectantes ante la suerte de aquellos tres intrépidos astronautas.

otografía de la Luna tomada desde el Apolo 11 a 10.000 millas
náuticas de la Tierra

Al completar la segunda orbita al planeta y después de calibrar instrumentos y comprobar que todos los datos son correctos, la tripulación del Apolo 11 recibe la orden desde Houston para orientar la nave hacia la Luna. Los dos módulos **Columbia**, el de mando, y **Eagle**, el lunar, siguen unidos a la tercera etapa y se enciende el motor para ejecutar la segunda maniobra más crítica desde el despegue, la **inyección trans-lunar**, que alcanza los 45.000 kilómetros por hora. Agotado el combustible se desprende la tercera etapa de la nave después de ejecutar la maniobra de transposición del modulo lunar para colocarlo delante del módulo de mando.

Los dos días siguientes el Apolo 11 pierde velocidad hasta los 3.500 Km/h debido a la atracción de la Tierra hasta que alcanza la gravedad lunar, acelera a 9.000 kms/h y se sitúa en la **trayectoria de regreso libre** que permite a la nave cruzar la cara oculta de la Luna y volver posteriormente a la Tierra sin encender el motor. Sin comunicación con Houston, se ejecuta la maniobra de frenado para la inserción en órbita lunar mediante detonaciones desde tres inyectores que mezclan químicos que no requieren energía de activación. En poco más de cuatro minutos la nave se ha situado en órbita lunar, y mediante ajustes la órbita se convierte en una circunferencia exacta. Desde el Centro de Control de Houston trasciende el éxito de esta fase crítica, el mundo respira aliviado, tan solo falta un paso más: ¡el alunizaje!

El módulo Lunar con Armstrong y Aldrin fotografiado por Collins desde el Columbia

Al completar la treceava órbita, **Armstrong y "Buzz" Aldrin** desde el módulo lunar Eagle se separan del Columbia para iniciar la maniobra de descenso final, un lento descenso asistido por los propulsores de posición y estabilización de la nave. A 6 kilómetros de la superficie el modulo se coloca en posición horizontal para alcanzar el sitio previsto para el alunizaje, debido a un exceso de velocidad la nave sobrepasa el lugar y mediante navegación semi automática acaba aterrizando suavemente en un cráter del **Mar de la Tranquilidad**, el terreno resiste, la nave y sus instrumentos funcionan. El Centro de Control recibe el siguiente mensaje: ***"Aquí base Tranquilidad, el Águila ha alunizado"***, son las 15 horas y 17 minutos del 20 de julio de 1969 en Houston

6 horas después de alunizar y con millones de seres humanos asistiendo a la gesta en vivo y en directo gracias a la televisión, el comandante del Apolo 11, **Neil Armstrong** activa la cámara mientras desciende por las escaleras del modulo hasta pisar el suelo de la Luna y ante la trascendencia del momento pronuncia una frase que ha quedado grabada en la memoria colectiva:

«It's one small step for man, one giant leap for mankind»

"Un pequeño paso para un hombre, un gran salto para la Humanidad"

24 de julio, amerizaje en aguas del Pacífico a 1500 kms de Hawai. Los astronautas son asistidos por el buque USS Hornet

24 de julio. El presidente Nixon saluda a los astronautas durante el periodo de cuarentena en el Centro Espacial Kennedy en Florida.

13 de agosto. Desfile por Broadway y Parke Avenue en Nueva York

2009. Obama recibe a "Buzz" Aldrin, Michael Collins y Neil

Armstrong con motivo del 40 aniversario. Tres años después fallece Armstrong.

Capítulo V

La carrera espacial llega a su fin.

Con el resultado obtenido por los Estados Unidos al colocar un hombre en la luna, 20 de julio de 1969, se podría interpretar que ese objetivo era el común denominador de las aspiraciones de la Unión Soviética y los Estados Unidos de Norteamérica, lo que conllevo a grandes esfuerzos económicos, tecnológicos y científicos durante 18 años de enfrentamiento , la exploración espacial se inició para la Unión Soviética en 1957 y para los Estados Unidos en 1958, en el que subyacía la sombría Guerra Fría; lo que en teoría ponía fin a la carrera especial ya que ambas potencias, virtualmente , con ese objetivo logrado los norteamericanos no tendría sentido el seguir en ese enfrentamiento a la par de que la Unión Soviética había declinado en continuar con ese intento, ya obtenido por su rival , en el transcurrir de la década de los 70 llevaría adelante proyectos que se desarrollaron en conjunto, siempre guardando distancia con lo que a la Luna, en su superficie , se refería.

Poner un hombre en la Luna valiéndose la Unión Soviética del talento del ingeniero Sergei Korolev a cuya responsabilidad se encontraban todos los programas espaciales, predecible final para los soviéticos a la luz de los resultados que se iban sucediendo, no los más exitosos, expectativa que se fundamentaría en la construcción del cohete N1, proyecto que no resultaría un triunfo en razón a deficiencias de construcción de los motores en su etapa inicial para el despegue de manera segura, sucesivos lanzamientos, cuatro, entre los años 1969 y 1972 resultados de cuyo fracaso daban cuenta igual cantidad de explosiones, evidenciándose con ello las graves deficiencias de diseño y construcción, desencanto que ello causaría en Korolev, a lo que se sumaba el que le surgiría un adversario con otras ideas, Vladimir Cheloméi, un ingeniero constructor de misiles intercontinentales quien proponía la construcción del cohete UR-700, con mayor capacidad de carga que en el que el venia dedicando Korolev muchos años , así como recibiendo los más considerables fracasos. Moriría por razones no inherentes a su trabajo en 1967, sin haber logrado lo que era su propuesta, de su gobierno, pero no de los norteamericanos quienes en el verían a un genio de la ingeniería espacial y adversario en esas lides.

El éxito de los cohetes de Vladimir Cheloméi se va a concretar el 3 de agosto de 1964 cuando, en contra del programa L1 de Korolev requería hasta seis lanzamientos de cohetes derivados del R-7 Semyorka para enviar una nave Soyuz alrededor de la Luna, en tanto que la de Cheloméi sólo necesitaba un lanzamiento del lanzador el Protón, UR-500.Es menester, considerar que los fracasos continuos del N-1, la muerte de Koroliov en 1967 y los éxitos de los cohetes de Cheloméi, como el UR-500 , y que ya por entonces estaban enviando con éxito sondas a la Luna y poniendo en órbita las estaciones espaciales Salyut, que sería a partir de su retiro de los programas para llegar a la luna a lo que se dedicarían , los costos elevados de esos programas y la llegada del hombre a la Luna, objetivo ya logrado por los americanos; serian en definitiva las razones para dar por finalizados por la Unión Soviética, los programas tripulados y con ello, concretamente, dar por finalizada la carrera espacial , cuando por los Estados Unidlo sería el 20 de julio de 1969 el Apolo XI llegaría a la luna.

El programa espacial soviético, abstracción de continuar las pretensiones de llegar a la Luna ya declinadas sus intenciones por razones ya expresadas, continuo su desarrollo y las referencias históricas evidencian que en esa etapa: siete estaciones orbitales espaciales Saliut, estudios sobre la luna, misiones interplanetarias de satélites y la cooperación con quien fuese su rival, en todos los órdenes , capitalizado por los proyectos que teniendo como objetivo final el alcanzar la luna los norteamericanos, y lo habían logrado se sumarian Acuerdos de colaboración espacial y prohibición de ensayos nucleares y se concretarían a realizar vuelos conjuntos con estos, siendo el Soyuz-Apolo en 1975 uno de esos logros.

Finalizaba así los que se inició como la exploración espacial por la Unión Soviética en 1957 y los Estados Unidos en 1958, definido luego como una carrera espacial, la que demandaría el regularizar las situaciones de enfrentamiento que se pudiesen presentar entre esas dos potencias, hipótesis que no era necesario comprobar para presumir su eventual presencia,   siempre subyaciendo la sombra de la Guerra Fría, y ante la orfandad de una normativa internacional en materia espacial, las que con los años y a la luz de las Naciones Unidas se fueron consolidando, que aclararan la situación que sobre las áreas exploradas se pudiesen presentar, como un bien material legítimamente adquirido; y las hipótesis de un nuevo espectro de conflictos geopolíticos entre esas dos potencias , organizaciones espaciales que a futuro se pudiesen presentar y con la presencia de otros países interesados en incorporarse con recursos financiero y tecnología espacial, a la búsqueda de las realidades que se pudiesen encontrar en el Cosmos, ilimitado, como aislado espacio exterior que nos rodea, lo que ayer era de creciente interés para esas dos potencias industrializadas que se habían distribuido, al alero de sus doctrinas socio políticas, capitalismo y comunismo, el mundo .

A todas luces, y con la presencia de otros países, fuera o dentro de cualquiera de esas dos orbitas, cosa que no ha sido necesario esperar demasiado tiempo ya que se están presentando otros países con nuevos intereses, políticos o económicos por excelencia, lo que motiva a tener en cuenta a los efectos de las dinámicas geopolíticas actuales como un novedoso espacio geográfico sujeto a enfrentamientos, sociedades, convenios o cualquier número de posibilidades en lo que inevitablemente se tendrán que hacer presente novedosas teorías geopolíticas, tanto como normas jurídicas en la materia espacial, que vayan más allá de las que fueron utilizadas a finales dl siglo xix y comienzos del xx, concepciones de las que se valieron los gobiernos , por intermedio de las guerras , para extender más allá de sus dominios, lo cercano o distantes, que se encontraran en los planes de expansión o de su interés geopolítico , en la tierra o el mar. Ahora la guerra es en el Cosmos, a base de tecnología, convenios, Acuerdos, recursos financieros y leyes.

Abordar la realidad post fin de la carrera espacial, en los términos en los que se dio, es decir el retiro "voluntario", lo del encomillado es nuestro, de uno de los antagonistas, la Unión Soviética , las teorías geopolíticas que existían para ese entonces, en cierto modo aplicadas, al menos algunas de ellas a los efectos del expansionismo sustentado en el uso de las armas, las más notable por los autores y su contenido, el de las teorías de esos pensadores, analicemos brevemente algunas de ellas, la de Hasuschofer de cara a su presencia como asesor, ductor , del gobierno alemán, relación espacio y población , ya un pueblo un Estado, eran sus principios ; o las del Espacio Vital que compartían Ratzel y Kjellen con una peculiar concepción económica sustentada por lo que hoy se conoce como "comodities" a estos efectos, los de esos teóricos. producidos por la naturaleza con un valor de mercado, el hierro y el petróleo, dos de ellos; Jalford Mckinder, con influencia de Ratzel, crea el concepto geopolítico de Heartland fundamentado en la posesión de Eurasia, tratamiento en esta contemporaneidad al percibir, algunos pensadores, de cerca lo que sería este planeta al ver existir, unidos, a Rusia y la República Popular China.

Nicolás Spyman si bien es considerado un teórico sobre cuyos postulados fundamentó en la Doctrina Monroe, constituyéndose en padre de la geopolítica moderna, de la anterior se ocuparía Mahan, a nuestro juicio, y viene a ser los fundamentos de lo que se dio en llamar realismo político, diferenciándose del pensamiento de Mackinder, el poder en las áreas circundantes, periféricas del mundo y no como lo sostenía este último, muy en vigencia hoy día para ciertos teóricos de la Geopolítica; es considerado uno de los padres de la Geopolítica Estadounidense, basó la teoría en la Doctrina Monroe y hace una interesante compilación de los principales postulados de sus maestros, su teoría la llama Realismo Político y diferencia de Mackinder, él se enfoca en concentrar la aplicación del poder en las zonas periféricas del mundo y no en el centro como Mackinder propuso.

El realismo político, se fundamentan sus criterios, quienes de ello han tomado parte, allí: Hans Morengthau, reside su criterio en los principios en la situación en la que se desarrolla, sin diferencia alguna en que, si se lleva a cabo en los escenarios nacionales o intencionales, subyace en tiempos de la Guerra Fría en pleno desarrollo, enfrentadas las dos potencias en las que esa figura sombría imponía las tensiones para evitar llegar a males mayores: la guerra atómica, para George Kennan, quien llevaba sobre su hombros la escuela geopolítica surgida entre las dos Guerras Mundiales, la que al igual que Morengthau, ambientada en tiempos de la Guerra Fría, centrada en la política exterior de los Estados Unido "strictu sensu" , de poder , al margen de conceptos de otra naturaleza, legales, morales o éticos. Para este teórico, la contención del comunismo es el objetivo fundamental de los Estados Unidos, neutralizando las áreas der influencia de esa doctrina comunista.

Tomando estas últimas referencias como las que fueron los fundamentos Geopolíticos, como tantos otros más, de las relaciones internacionales entre la Unión Soviética y los Estados

Unidos de Norteamérica, en las que se llevó a cabo la carrera espacial, dominio en el que resulto favorecido quien puso el primer hombre en la luna, manera de dirimirse ese enfrentamiento que se extendió durante más de 18 años; ya quedaran como elementales referencias, invalorables a no dudar , de las que por analogía se deben tomar esos aconteceres planteados en tiempos ya lejanos; en la misma medida en que hoy ya los actores en el escenario mundial no se circunscriben a las dos potencias que escenificaron aquella gesta, cuando en la actualidad los evidentes cambios que se han operado en el concierto mundial al mismo se han auto invitado otros países para integrar los que tienen un claro interés en explorar aquel Cosmos ayer ignoto, la Luna, ese nuestro satélite natural, continua siendo atractivo y la Geopolítica, por obvio, también se ha tenido que adecuar a esa realidad multipolar de hoy, con cuidado y no más aún que cuando se incubo, tiempos de la Guerra Fría del ayer,

Aprestos técnicos y científicos, de cuyo desarrollo dan cuenta los resultados obtenidos, así como los fracasos que en el mejor de los casos también de ellos aprenderían, heredados de aquella contienda, bases fundamentales para continuar desarrollando las potencialidades y continuar explorando ese espacio en un esquema de confrontación de diferente nivel, no por ello menos complejo, en relación a la que dio origen a la finalizada carrera aeroespacial, misiones en búsqueda de ese nuestro satélite natural, la Luna, tras ella el Apolo 11 y para ello no menos de 50 Agencias, de reducidos recursos tecnológicos y financieros ,la mayoría de ellas, para ir a la par de aquellas que ya largo recorrido y experiencia habían acumulado en la búsqueda de su objetivo, las que reducidas a 10 su capacidad para ser competitivas en la operación de cohetes, satélites y sondas , pudiesen alcanzar sus objetivos, allí en principio las dos que capitalizaron todos los esfuerzos durante la carrera espacial: la Administración Nacional de la Aeronáutica y el Espacio de los Estados Unidos , Agencia Espacial Federal de Rusia, la Administración Espacial Nacional China,   Agencia Japonesa de Exploración Aeroespacial, Centro Nacional de Estudios Espaciales de Francia, **Agencia Espacial Europea**, Agencia India de Investigación Espacial , Agencia Espacial Estatal de Ucrania, Agencia Espacial Iraní y la Agencia Espacial de Israel,

Ese imaginario interés, de varios países y organizaciones en este siglo XXI, por hacerse de un espacio en el Cosmos se corresponderá con un proceso de desarrollo tecnológico cuya base

de sustentación les servirá de plataforma para ordenar un proceso en el que pueden converger confrontaciones, dado el escenario multipolar en el que se desarrollara ese intento, el que por lo elevados de los costos requerirá de ilimitados recursos financieros de los gobiernos que se inscriban en esa contienda para alcanzar el éxito en esas investigaciones aeroespaciales, exigente en cuanto a tecnología se refiere , parte importante de la misma ya fue sumamente desarrollada por la Unión Soviética y -USA en el periodo en el que tantos esfuerzos concluyeron, no en su final más si una valiosa impronta, cuando aquel hombre **Neil Armstrong** encerrado en su traje de blanco color sobresaliendo sobre el negro del cielo, ante la vista de **Edwin Aldrin y Michael Collins** y el mundo entero, hacia su sorprendente paseo espacial, hasta dejar sus huellas fijadas en la tan ansiada Luna.

Muchas de las nuevas tecnologías, las que fueron producidas y precipitadas en su desarrollo gracias a la investigación espacial durante esos 18 años , las que han tenido y tienen importantes aplicaciones científicas, industriales, militares y comerciales; en contrario esto ha sido considerado innecesario en virtud de que la investigación espacial como un punto a valorar en atención a la inversión de las administraciones públicas comprometidas en las actividades y programas espaciales , que esos adelantos se pudiesen haber obtenidos sin haber salido de los espacios de la tierra para abordar la exploración del infinito universo y alcanzar esos objetivos.

Esa tan conocida lista de aplicaciones de tecnologías, necesariamente desarrolladas a los fines de su utilización en la exploración espacial, tales como los sensores infrarrojos ayer desarrolladas a los fines de la medición de las ondas calóricas de los planetas y las estrellas, hoy día incorporadas a los termómetros sin mercurio; los instrumentos inalámbricos; los monitores cardiacos; lentes de contacto; el teflón; los alimentos deshidratados, y cuantas más no permanecerán en los ocultos laboratorios de los gobiernos que intervinieron en esa larga campaña , o de las organizaciones que capitalizaron sus ambiciones geopolíticas: la NASA y la Agencia Espacial Federal de Rusia; cuyos orígenes se puedan encontrar en aquella epopeya, que por dolorosa, trágica en sus momentos, exitosa y de cuya culminación y beneficios da cuenta la realidad de este mundo moderno.

Esa tan conocida lista de aplicaciones de tecnologías, necesariamente desarrolladas a los fines de su utilización en la exploración espacial, tales como los sensores infrarrojos ayer perfeccionadas a los fines de la medición de las ondas calóricas de los planetas y las estrellas, hoy día incorporadas a los termómetros sin mercurio; los satélites meteorológicos para pronosticar los huracanes, los deshielos, medir el aumento de los niveles marinos, el calentamiento global y el estado del tiempo;   los GPS invalorable conocimiento científico cuyos resultados los vemos y sentimos a diario al tener un teléfono en la mano , cuando vamos en nuestro vehículo o cuando a esos servicios recurrimos, o en la seguridad en la navegación aérea; los instrumentos inalámbricos; los monitores cardiacos; lentes de contacto; el teflón; los alimentos deshidratados; y cuantas más no permanecerán en los ocultos laboratorios de los gobiernos que intervinieron en esa larga campaña , o de las organizaciones que capitalizaron sus tendencias geopolíticas: la NASA y la Agencia Espacial Federal de Rusia; cuyos orígenes se puedan encontrar en aquella epopeya, que por dolorosa, trágica en sus momentos, exitosa al final y de cuya culminación y beneficios da cuenta la realidad de este mundo moderno, a partir del 20 de julio de 1969 en el que aquel hombre, **Neil Armstrong** , encerrado en su traje,   de inmaculado color blanco, sobresaliendo sobre el negro del cielo, ante la escrutadora mirada de Edwin Aldrin y Michael Collins y el mundo entero, hacia su sorprendente paseo espacial, hasta dejar sus huellas fijadas en la tan ansiada Luna, cuando expresaba " Un pequeño paso para el hombre, pero un gran salto para la humanidad".

Capítulo VI

En síntesis, aquellos años en tiempos de la Guerra Fría.

Lo que en términos de referencias históricas se ha conocido como la carrera espacial, esta se iniciaría con el fin de la II Guerra Mundial y la derrota de Alemania cuando los norteamericanos y los rusos haciéndose de los mejores científicos de aquel país diseñaron ambos países vencedores los primeros cohetes, a partir de los V2 alemanes construidos como misiles balísticos internacionales al no tener otra intención que no fuese esa, y no alcanzar algún objetivo ultraterrestre, no obstante ello sería considerado en términos oficiales , u oficiosos, el 4 de octubre de 1957 cuando la Unión Soviética lanza por los cielos el Sputnik 1, considerado el primer satélite artificial, respuesta que no tardaría USA en materializar con el Explorer 1, puesto en órbita el 31 de enero de 1958, no ser previo a ello testigo de algunos fracasos en sus intentos.

El presidente Eisenhower ante ese éxito soviético el 1 de octubre de 1958 crea la NASA como única agencia, dejando de lado las organizaciones que de la Armada y el Ejercito pugnaban por hacerse de los programas espaciales sin importantes éxitos, como si de los adversarios quienes colocarían el Sputnik2 el 3 de noviembre de 1957, a la perra Laika, primer vuelo con un animal a bordo, esfuerzos tecnológicos espaciales de la Unión Soviética que continuaban obteniendo importantes resultados, de ello da cuenta el vuelo de la sonda Lunik, no tripulada el 10 de octubre de 1959 enviando a la tierra las primeras fotografías de la cara oculta de la Luna,

Vuelos preliminares al que le seguiría el de mayor trascendencia, y considerado como el verdadero inicio de la carrera espacial, cuando a bordo del Vostok1 el 12 de abril de 1961 el cosmonauta Yuri Gagarin, constituyéndose en el primer vuelo tripulado, para luego en el Vosjod1 el 11 de agosto de 1962 colocar en órbita a dos tripulantes, siendo uno de ellos la primera mujer, Valentina Tereshkova quien precede a Alexei Leonov en ser el cosmonauta que por vez primera daba un paseo espacial, lo que hizo en el Vosjod2 el 18 de marzo de 1965.

Asumida la presidencia de lo Estados Unidos, John F. Kennedy en su afanoso empeño en llegar a la Luna, primero que sus adversarios, quienes ya habían remontado esas expectativas al obtener sonados logros ya cronológicamente mencionados, arengando al pueblo norteamericano al prometer que serían ellos los primeros en alcanzar el objetivo, la Luna, antes de finalizar la década de los sesenta, a la NASA le inyectan incalculables recursos financieros pare el desarrollo de los proyectos en curso: Mercury, Gemini y el Proyecto Apolo que culminaría con la llegada a la Luna del primer hombre: Neil Armstrong y sus compañeros de vuelo Edwin E. Aldrin y Michael Collins en el Apolo 11 el 21 de julio de 1969, fecha que se conmemora y nos ha motivado a participar desde el punto de vista editorial en esos eventos.

En tanto el silencio de los soviéticos presagiaba el haber asimilado, en negativo, el golpe que representaba ese hombre en la Luna, los efectos comunicacionales cómo les afectaba cuando la propaganda que difundían en los momentos de los éxitos alcanzados, ahora se traducía en un hermetismo, más aún conociendo de los logros de cinco vuelos más del Proyecto Apolo, hasta el Apolo 17, abstracción del **Apolo 13**, de resultados catastróficos.

Razones tendría que haberlas, y de lo que se especulaba algunas de ellas que dieron al trate las ambiciones, a saber: las rivalidades entre los científicos; la muerte de uno de ellos, el más importante Sergei Korolev en 1966; el fracaso de cohete N-1 y la falta de recursos en consonancia con la situación económica por la que estaba atravesando el gobierno; motivó a este a cancelar el Programa lunar en 1974, lo que ya los norteamericanos también habían hecho dos años antes, es decir eliminar las últimas tres misiones del Proyecto Apolo, fundadas razones que a ello condujeron: los objetivos geopolíticos y propagandísticos ya se habían logrado.

Antes del retiro de esas lides los soviéticos habían obtenido algunos logros, no de la magnitud de lo que ocurriría el 20 de julio de 1969, cuando el Lunik 9 sería el primer vehículo espacial en aterrizar en la Luna el 31 de enero de 196 y posterior a ese magno acontecimiento norteamericano el Luna 16, soviético regresaba a la tierra con muestras del suelo, para luego con el Luna 17, en noviembre del mismo año, ensayaron robots auto propulsados, los Lunajod.

Los años setenta, promediando los primeros de la década, algunas razones contribuyeron a que comenzaran a desaparecer estos programas, o al menos a no continuar con la misma intensidad de los años previos a la llegada del hombre La luna, las tensiones con la desaparición de la Guerra Fría, en teoría, también bajaron su intensidad, los presupuestos para llevar adelante los programas por ambas potencias, mas disminuida la Unión Soviética, se redujeron ostensiblemente, sobrevivían los programas no de tanta envergadura como el Skylab de la NASA, así como los rusos hacen lo propio con los suyos, Estaciones Salyut y los rezagos de los Acuerdos firmados por las dos potencias para operar en conjunto los programas que sobrevivían hasta la culminación del vuelo conjunto Apolo-Soyuz el 15 de julio de 1975,con el mismo implícitamente finalizaba la Carrera Espacial guardando ciertos programas por obvias razones no tan publicitados , reduciéndose a estaciones espaciales Almaz, rusas, y las MOL norteamericanas , ya las capsulas espaciales o cohetes interceptores.

Para los años ochenta, bajo la presidencia de **Ronald Reagan**, se desarrolla lo que dieron en denominar **Guerra de las Galaxias**, relativa y minimizada respuesta de la contraparte en aquella carrera espacial, los rusos, quienes con su programa Polynus intentaron dar alguna respuesta, fallida como todo lo que intentaron en los últimos estertores de sus programas y los norteamericanos daban por finalizada esa Guerra de la Galaxias y se reduciría la vinculación entre ambas potencias a la colaboración mutua para llevar adelante programas de relativo interés como la Estación Espacial Internacional, en funciones, con los cambios sustanciales que se han sucedido en el que la multipolaridad espacial en busca de los mismos , u otros objetivos como Marte, dan cabida al desarrollo de otras concepciones geopolíticas diametralmente opuestas a las que le dieron vigencia a ese concepto fundamentadas en las teorías de su pensadores, del ayer,

Capitulo VII

La Geopolítica, un concepto al alcance de todos.

La simbiosis de las relaciones, efectos humanos o físicos, entre la geografía y la política sostenida en sus ámbitos internacionales, configuran un concepto, la Geopolítica, que fue concebida por los cultores de aquellas realidades surgidas en el siglo XX, en sus primeros lustros, como un método para comprender el comportamiento político a través de las variables geográficos, así como los eventos futuros que se derivarían de las relaciones que de allí se desprendieran.

Como método para determinar la conducta de los gobernantes de un país , en sus relaciones a lo externo de su ámbito geográfico, es decir el poder político en relación con el espacio territorial en el que subyacen los elementos sociales y la relación económica, definida como ciencia que estudia los recursos para definir el concepto del PIB, esa "enigmática" suma de todos los bienes y servicios de una economía registrada en un determinado periodo, en el país que ocupe el interés; y del que dan cuenta las muchas veces reales , otras veces desconocidas, falseadas, sesgadas o interpretadas con beneficio de inventario, estadísticas, de allí nuestro entresijo de "enigmática" .

La misma noción surge de la creación de riqueza a través de la producción, distribución y consumo de bienes y servicios para satisfacer las necesidades humanas, signada hoy por ciertos elementos diferentes a los que le dieron origen , en sentido general ya citadas, características manifiestas en la actualidad por el proceso creciente de globalización, el crecimiento desarrollo de los medios de comunicación, la tecnología de la información, la inteligencia artificial vista como una revolución, las comunicaciones aplicadas por los servicios de inteligencia , la progresiva desaparición de trabas migratorias y arancelarias fronterizas, entre tantos otros ; contribuyen a fortalecer la tendencia hacia la búsqueda de otros espacios, las riquezas petroleras, allí también las auríferas y otros minerales, siempre son una tentación de las que no están negados algunos países industrializados de hacerse de otros entornos cercanos o distantes de sus fronteras los que vayan más allá de sus bordes fronterizos terrestres o marítimos, para tratar de alcanzarlos en el espacio sideral .

Aplicación del poderío económico y tecnológico a la búsqueda de esos nuevos espacios, más allá de los que habitualmente servían de escenarios a las escuelas geopolíticas, enfrentamientos armados por alcanzar objetivos que les permitiesen, por ejemplo, salir a las aguas calientes negadas por su ubicación geografía, ya para hacerse de los estrechos y del mar en sus escenarios , o las versiones de colonialismo, repartos de países enteros al finalizar las guerras, o expansionismo para hacerse de vecinos bordes fronterizos, terrestres o marítimos; hoy día distribuidos para ampliar sus fronteras hasta los ilimitados espacios cósmicos cuyo objetivo final , por ahora, es la Luna y mirando de reojo a Marte.

De las clásicas concepciones que sobre la geopolítica se habían difundido, el siglo XX en sus tempranos amaneceres , Europa fue testigo de buena parte de ellas, para determinar la influencia de las características geográficas, económicas, sociales y culturales en la política de una nación, así como su aplicación, juicios teóricos de los autores quienes dejaron fijados sus criterios acerca de cómo ejercer el dominio sobre los espacios geográficos, su población y riquezas ; se han ido acercando al presente , con los signos propios de los cambios de los tiempos y las consecuencias que de ellos devienen.

Tendencias geopolíticas que por las más variadas razones van retomando su importancia, si es que alguna vez la dejaron de tener, en tal caso la Guerra Fría de ello se encargaría, de su vigencia, aclaramos, o más bien que de su utilización se hicieron parte con quienes en las guerras encontraron la manera de llevar a la práctica el producto de sus teorías., citemos al mismo Hasuchofer en el caso alemán.

Y si bien han ido adecuándose a estos tiempos, o le han ido dando una especie de readaptación dado los cambios en el panorama mundial donde se han hecho presentes otras variables ayer inexistentes, allí la lucha por el poder, las variaciones de las economías, la tecnología de la información y la globalización, con sus características: variaciones del mercado de trabajo lo que cercena parte de la protección del trabajador; traslado de las industrias a los países subdesarrollados por su mano de obra barata, de allí las "maquilas" que han proliferado en Centro América, por ejemplo.

Innovación tecnológica, derivando de su desarrollo la reducción de los costos de la materia prima así como de la mano de obra ; incremento del poder de las empresas transnacionales (las que establecen sus estrategias territoriales sobre la base de las investigación de la situación del país donde van a invertir y las relaciones de mercado) lo que en ocasiones atenta contra la figura del Estado donde se les localiza y aumentando la brecha económica entre los países desarrollados y los subdesarrollados.

Ante la realidad que nos rodea, vale decir la búsqueda de nuevos escenarios, en el espacio exterior ya no tanto lo que acontece en la tierra o en el mar, ya que para ello han recurrido las grandes potencias, y otras no tantas, pero si desde una concepción para comprender, o al menos no dejar de intentarlo, las interrogantes que se nos plantean sobre lo que acontece en el mundo y como descifrarlas, de cara al porvenir, que, de acuerdo a la vorágine de los tiempos, lo es hoy.

Los conflictos que ayer, y ese ayer ya data de más de cincuenta años, se circunscribía a la confrontación en el mar y la tierra entre las dos potencias que se desarrollaron luego de finalizada la II Guerra Mundial y su distribución en dos grandes bloques, diferencias que se circunscribían al Bloque occidental, ergo capitalista, alineados alrededor de los Estados Unidos y del lado contrario, relación marcada por la guerra fría, el Bloque del Este, soviético, oriental, comunista, socialista, que aglutinaba alrededor de su eje el conjunto de países socialistas de la Europa Central y del Este, con la Unión Soviética capitalizando sus intereses, económicamente al alero del Consejo de Ayuda Mutua Económica (Comecon) y desde el punto de vista de una organización militar por intermedio del Pacto de Varsovia que les aglutinó hasta su desaparición en julio de 1991, en la reunión de Praga, si como su duración se extendería hasta la disolución de la Unión Soviética, en diciembre del mismo año, eventos todos llevados a cabo dentro del marco de la Guerra Fría.

En ese ciclo de la historia acopiados los resultados, o la búsqueda de los mismos, por la actividad de los movimientos estudiantiles, obreros, quienes le imprimían un vertiginoso curso a los acontecimiento que irrumpían en el mundo entero de cara a las tendencias políticas dominantes, o las que se intentaban imponer: El comunismo y El imperialismo, fuerzas que ambicionaban posicionarse de la economía mundial después de la II Guerra Mundial , los Estados Unidos, promotores del capitalismo y la Unión Soviética, definida por el comunismo, o marxismo, erigidas como las dos grandes potencia mundiales.

Tendencia a confundir los conceptos, o cada quien interpretarlos con beneficio de inventario, Marxismo y Comunismo, lo que es pertinente aclarar, superficialmente en la brevedad de unas líneas ya que ello no es motivo ni fundamento de estas nuestras apreciaciones históricas a partir de la interpretación de los libros en los que se han recogido, por sus autores, el concepto de sus orígenes, tergiversación o adaptación por cada quien a su manera y mejor entender, aplicara lo que es conceptualmente el Marxismo, de ello se ocuparán quienes del análisis económico político tomarán partido para identificarse con ese método, el de Marx, a diferencia de la eliminación de la propiedad privada, negación a ese derecho, el de la propiedad privada, lo que le es propio al Comunismo y su proclama a partir del Manifiesto Comunista de 1848, tanto como las más diversas interpretaciones que del mismo documento se han hecho.

Reunión Kennedy-Kruschev en la embajada de Estados Unidos en Viena

Si del capitalismo damos algunas referencias, he aquí que, como sistema económico y social fundamentado en la existencia de unos medios de producción, deben ser de propiedad privada en el que el mercado le sirve de mecanismo para determinar los recursos de la manera más eficaz y el capital operara como fuente para generar riqueza, razones como las ya anteriormente señaladas, como lo es el que este trabajo por cuyos caminos nos aventuramos, no propiamente es un tratado que conduzca al lector a ahondar en más conocimientos que los elementales para continuar apreciando el objeto de nuestro esfuerzo ,o intento, editorial.

El que con su orientación, con clara referencia geopolítica, hasta alcanzar el objetivo propuesto que no es otro que adentrarnos por los insondables caminos del espacio de cara a la interpretación de una concepción geopolítica, la que si bien descansa sobre los orígenes de la materia, no menos cierto es el que la realidad de hoy más de tomarlas como referencia, invalorable referencia, las teorías geopolíticas del ayer en los ámbitos terrestres y marítimos, hoy día la aventura por el mundo sideral en sus inicios por esa dos potencias, una capitalista y la otra socialista, USA vs URSS a través de sus organizaciones oficiales:

la Agencia de la Administración Nacional de la Aeronáutica y del Espacio, de sus siglas en inglés (National Aeronautics and Space) y la Agencia Espacial Federal Rusa, conocida como Roscosmos, agencias cuya responsabilidad es conducir los programas de vuelos espaciales, hacían grandes esfuerzos por coexistir en el sombrío espectro de la guerra fría, cuyos fundamentos se esgrimían a partir de la doctrina comunista para lograr convivir los dos frentes en tensión, comunista y capitalista, para evitar llegar a dirimir sus conflictos con el uso de las armas, atómicas ya en pleno desarrollo, renunciando a ello y haciendo uso de la diplomacia. Y ello se lograría, en buena parte lograron su objetivo, a través de la coexistencia pacífica.

Capitulo VIII

Las Teorías Geopolíticas en sus albores.

Si de los precursores de la geopolítica se habla, tema del que un grupo muy pequeño de teóricos dieron sus invalorables aportes, fundamentos cifrados en el conocimiento de la geografía que se manejaba para la época, la conjunción del medio físico con varias ramas del saber universal le van dar la connotación científica lo que se va a reflejar en el título de la obra de Carl Ritter: "La geografía en relación con la naturaleza y la historia del hombre", significativo aporte el que de una manera u otra sería un insumo para Ratzel siendo , a los efectos de la búsqueda de los orígenes del concepto literalmente el precursor , validación de la posición el que fuera estudioso y profesor de la geografía , así como también antropólogo, elementos que extraía del conocimiento de estas dos especialidades lo que le permitiría un cabal conocimiento dela ubicación del ser humano en los ambientes que se conducía.

Ahora bien, el caso de que estas mentes, las mencionadas anteriormente, así como Haushofer con certeza histórica, Kjellen, Ratzel, Mc Kínder o Mahan, en cuanto a sus estudios y conceptualización del tema que insurgiría en el medio político en las postrimerías del siglo XIX y primeros lustros del XX, algunos de estos hacedores del concepto por razones propia de la vorágine impuesta por las guerras desarrolladas entre esos dos siglos, sería lógico pensar que sus mentes fueron puestas al servicio de los líderes dominantes y tal como lo evidencia la historia eran militares , de allí que del transitar por la paginas de la historia nos aclare las dudas , que las serán tantas, sobre el tema en cuestión.

Los escenarios de la guerra, I y II Guerra Mundiales , entreguerras en las que se incubarían las variadas teorías geopolíticas, cultores de las mismas que fueron utilizados por los líderes militares de la época con miras a aplicar sus conceptos en las situaciones políticas que se presentaran, las que colocadas en perspectivas ellas ocurrieron a finales del siglo XIX y primeros lustros del XX, partían de principios en los que el hombre se desenvolvía en un mundo circundante en el que por la misma razón del conflicto, abstracción del motivo que le originara, el trasfondo político era otro, tal es el caso de la I guerra Mundial cuyo inicio si bien se atribuyó al asesinato del archiduque de Austria-Hungría, Francisco Fernando, el 28 de junio de 1914,no menos cierto es que allí convergieron las grandes potencias industriales y militares las que divididas en Alianzas y una de ellas, la Triple Alianza no se alió a las Potencias Centrales y Austria-Hungría, desencadenándose el conflicto, evaluación de las consecuencias , al final de la contienda, con saldos tales como: extinción de cuatro imperios: el alemán ,el Ruso, el Astro-Húngaro y el Otomano.

El mapa de Europa, signado por un dominio mundial por efecto de la Revolución Industrial y la explosión demográfica, de cuya dominación política y económica y militar, se transmutó con la perdida de grandes territorios, desmantelamiento de otros, transformación de las fronteras, independencia de algunas naciones, se echaron las bases de lo que sería, a posteriori, la Revolución Rusa, y de allí el surgimiento del primer estado socialista: la Unión Soviética; caldo de cultivo para desarrollarse esas teorías geopolíticas que surgieron producto de las mentes que encontraran en esas concepciones la solución a los problemas o la satisfacción de las políticas expansionistas de los líderes militares de la época.

Precursores del Pensamiento Geopolítico.

Alexander Von Humboldt, la geografía con influencias del romanticismo alemán.

Considerándose a sí mismo un cultor de las ciencias físicas, de lo que se desprende su interés por desenvolverse en esos ambientes naturales, considerando que en América encontraría las simientes de lo que, en sus estudios, o en su mente se anidaban, Alexander Von Humboldt en principio un geógrafo, de cuyas dudas en realmente serlo se determina su inclinación hacia las ciencias, la física, la vida natural, la botánica, geología, entre otras especialidades por las que sentía inclinación; va ser considerado como el padre de la geografía moderna, vale decir de lo que se han válido los estudiosos para el desarrollo de las ciencias a través de su obra en la que va a dejar un legado para una mejor comprensión de la cultura, historia de los pueblos y el entorno natural en el que se desenvolvían las sociedades originarias, las de América, en esencia lo que quedó plasmado en su obra: Viaje a las regiones equinocciales del Nuevo Continente ., en la que va materializar su método de investigación, el empirismo en su más clara definición , es decir de la observación en vivo de los elementos que irían señalados en su agenda , tanto como la observación de los fenómenos naturales o culturales de los pueblos, la características físicas y morfológicas de los hombres que conformaban aquellas sociedades, sus hábitos de alimentación, cultivos de las tierras, sincretismo cultural que le representaban de interés pedagógico , temas compartidos con su compañero de viaje por aquellos confines de América, el botánico Aimé Bonpland.

Cartografía plasmada en mapas, análisis de los viajes que serían un referente para los investigadores que seguirían sus pasos bien por los senderos de la Amazonia, la Orinoquia, talvez algo, no de tanto interés y contenido como las antes regiones nombradas, como lo fueron también los Andes de la América.

Una visión global del universo seria materializada en cuatro volúmenes en los que plasmaría, un poco disparatada la idea dicho en sus propias palabras en carta a un amigo estudioso de esos temas, lo que quedaría para la historia, en los que compendiaba "...los fenómenos del espacio celeste y la vida terrestre, desde las nebulosas estelares hasta la geografía de los musgos en las rocas de granito, con un estilo vivo que causará deleite y cautivará la sensibilidad...". Cosmos, fue esa monumental obra, de cuyo valor científico no se dudaría, sin embargo, allí también ocuparían un muy especial espacio los más variados conceptos que han sido fundamentales en la consolidación del Estado moderno: universalidad del conocimiento, ideario filosófico, respeto entre las diferentes culturas, la libertad del hombre, el respeto a los derechos humanos y la perpetuidad de los valores de la Democracia.

Carl Ritter, sobre la importancia del estudio de la geografía.

"Es la ciencia que, considerando a la Geografía como ciencia del globo viviente, estudia los aspectos morales y materiales del mundo, para prever y orientar el desarrollo de las naciones, en el que influyen profundamente los factores geográficos"

Si bien seria sujeto de transformaciones, o adecuaciones , ya de aplicación práctica en el terreno de los hechos, aquellos que ante su inquietud por definir lo que sucedía en el entorno del poder dieron los primeros pasos en búsqueda de definir la interacción   entre el medio físico y el hombre, lo que intentaría definir Carl Ritter, sobre la importancia del estudio de la geografía, en su obra "La geografía en relación con la naturaleza y la historia del hombre", en la que reflejaba la influencia del medio físico en la actividad humana aplicando un método científico a partir de las interrelaciones entre el medio físico y los seres vivos que le habitaban.

Ritter, estudiando la organización del espacio, concebía la naturaleza como un todo armónico en el que la sociedad se desarrolla en la relación interna de sus partes, en la misma medida que de parte del ser humano se desprenda un mayor interés por el conocimiento de la superficie terrestre que habita cuya resultante lo será, a partir de la suma de sus partes, un ente más armónico y simétrico con el invalorable aporte que de la naturaleza y la historia hagamos cabal utilización; sugiriendo que cada Continente sea analizado interpretando las causas de su existencia, a partir de los elementos que en el mismo confluyan, condiciones naturales que apuntan al desarrollo de esas sociedades, lo que se concebiría como un determinismo natural.

Relaciones que, interpretaría el pensador, existen entre los fenómenos naturales y los humanos, en franca simbiosis las que, por efectos de los cambios naturales propios de los procesos de transformación de los elementos por el hombre, el mismo que fue creado por Dios, a tenor de sus palabras en el Génesis… Y dijo Dios: Hagamos al hombre a nuestra imagen, conforme a nuestra semejanza; y ejerza el dominio sobre los peces del mar, sobre las aves del cielo, sobre los ganados, sobre toda la tierra y sobre todo reptil que se arrastra sobre la tierra…Creó, pues, Dios al hombre a imagen suya. A imagen de Dios lo creó; varón **y hembra los creó…**

Ese mandato, desde el punto de vista de la religión católica, es el que va a determinar la historia del ser humano y la intervención del medio natural quien modifica su entorno circundante, ciencias de la tierra que como fuente se valdría Alexander Von Humboldt , estudioso de la Geografía , de ideas políticas liberales y de avanzada, para la época en la que lo ubicamos al lado de Karl Ritter, de inevitables influencias del romanticismo alemán imperante para esos tiempos , se van a diferenciar el uno del otro en que aquel, Ritter , se va a caracterizar más por la enseñanza y el estudio , cátedras que ejercería en el seno de las universidades de su país, vida de las sociedades y los hechos históricos, reflejados en su obra "Geografía Universal Comparada".

Humboldt, quien ya había elaborado su propio concepto, perceptible distancia entre uno y el otro , pero Ritter ya con un pensamiento político del que se valieron ciertos gobiernos para hacerse de territorios de otros países vecinos, inclusive más allá de su cercanía, lo que si bien se pudiese interpretar como una necesidad para el crecimiento de sus propias realidades, signadas por su ubicación geográfica dando con ello paso a la concepciones colonialistas o expansionistas a las expensas de cercenar las tierras, o mares, de otros e imponer su manera de gobernar.

Friedrich Ratzel.

"Es la ciencia que establece que las características y condiciones geográficas… desempeñan un papel decisivo en la vida de los Estados… estando su destino determinado por las leyes de la Geografía"

A quien se le atribuye el ser quien va a desarrollar una concepción geopolítica en su país, Alemania, sobre la base de sus estudios de antropología y geografía lo que va a hacer bajo un criterio ya existente, el mundo circundante, entendido en líneas generales como la ubicación del hombre en el ambiente en el que se desenvuelve, es el que determina los rasgos físicos y culturales de la colectividad y la figura del Estado, órgano territorial, poder determinante; y estudios de los que va a forjar un término que sería luego difundido por él y otros pensadores de su tiempo : El Espacio Vital.

Teoría que va a estructurar haciendo acopio de aquellos factores que van a ser la suma con los que va elaborar su concepción geopolítico, los que se inscriben en el concepto de determinismo geográfico, el Estado en los tiempos en los que desarrolla su proceso determina el futuro, relación que existe entre el espacio, el necesario para garantizar la supervivencia del Estado en correlación con otros Estados y la población, la que requerirá de una superficie necesaria para el grupo humano allí asentado, o por asentarse.

Aplicación de los postulados que convergían en las páginas donde reposaba aquel criterio que le daba acogida a un conocimiento que insurgiria en el medio político, el que en franca simbiosis con la geografía: la geopolítica, sería aquella la resultante y de cuya utilización, con fines expansionistas, de ello daría cuenta Karl Hauschofer, el gran ideólogo de la política del

Tercer Reich, cual justificación iniciaría la II Guerra Mundial con la entrada de las tropas alemanas a Polonia el 1 de septiembre de 1939 y la derrota de las fuerzas del Eje en 1945 , arrastrando consigo la teoría geopolítica cuyos fundamentos enunciaba Ratzel, quien compartía los conceptos de Darwin y comparaba el estado político como un organismo biológico cuya perpetuidad se lograría por medio de la lucha, de cara a la necesidad del gobierno alemán de extender sus dominios.

Karl Haushofer

Para este militar alemán el término "espacio vital" se refería a conquistar territorios, ocuparlos y esclavizar a pueblos enteros en beneficio de la hegemonía alemana, fue uno de los asesores del Tercer Reich de Hitler, además considerado por muchos como el genuino estratega y representante de la geopolítica alemana expansionista.

Va a ser producto de la suma de los pensamientos de quienes le precedieron , uno de ellos y a quien se le atribuye la creación de la definición de lo que giraba alrededor de la geografía y la política, Kjellen, quien va a formular su propio concepto, el que definiría como "la influencia de los factores geográficos, en la más amplia acepción de la palabra, sobre el desarrollo político en la vida de los pueblos y Estados" , así como también de quien, guardando distancia, de lo que ya Mackinder sostenía, y esto en relación con la profundidad que le daría a su concepción, en el sentido que no lo aplicaría solo a las actividades a lo externo del Estado sino que lo aprovecharía al interior del mismo partiendo de la premisa determinista fundamentada en la influencia del medio en el que se desenvuelve del ser humano, en relación con la política impuesta por los gobernantes,

Si de Rudolf Kjellen hacemos referencia, en cuanto a lo que significó para este pensador que abordamos para irnos acercando a su concepto de la Geopolítica, lo encontramos en su obra "El Estado como forma de vida", de la que hace acopio Haushofer en su proceso de búsqueda del conocimiento que germinaba en la mente de los pensadores de la época para, al final, dar su propia concepción sobre el tema, en el que Kjellen, quien consideraba que los juristas parcelaban su criterio haciendo causa común con lo que les era propio, con la ley; en tanto concibe al Estado como una forma de vida, con respecto al medio, es un organismo viviente, " no como una entidad jurídica sino como un organismo dinámico y en continua transformación para poder competir en la escena internacional" .

Enseñanza que digeriría Hauschofer y, en cierto modo, llevaría a la práctica tomando de Ratzel lo relacionado con la Geografía

Política y de Kjellen el factor geográfico, lo que se desarrollaba en la vida del Estado, aplicado a la Geopolítica que respondía a ese requerimiento, en su caso a la alemana y prescribía el curso de acción a practicar desde el punto de vista político.

En "Los fundamentos geográficos de la política exterior" consideraba necesario el espacio vital para el Estado que interpretaba que la mayoría de las guerras y la mayoría de los grandes conflictos políticos, el común denominador lo serían las ambiciones de los dirigentes políticos por extender sus dominios, hacerse de los espacios, ese ya en proceso de desarrollo y puesta en práctica, "espacio vital", el que debía ser el fundamento de la política exterior del Estado , cuyo objetivo lo sería el de asegurar su perpetuidad   y en este sentido, Hauschofer le da un valor agregado como lo fue la extensión de la cultura del grupo étnico, en su caso la raza aria.

En síntesis, de este teórico quien fuese el artífice, con su concepción geopolítica, del inicio de la II Guerra Mundial, originada por las apetencias de Hitler y cuyo fundamento: un pueblo-un Estado, estaba signado sobre la teoría que había diseminado en las aulas y fijado en publicaciones que sobre el tema daban cabida, principio nacionalista en efervescencia a partir de los postulados que se puntualizaba este pensador alemán y sobre la base de los intereses de Alemania en aquellos tiempos.

Halford John Mackínder.

"Quién controle Europa del Este dominará el Pivote del Mundo, quien controle el Pivote del Mundo dominará la Isla Mundo, quien domine la Isla Mundo dominará el mundo."

De la historia, la exploración, las relaciones internacionales y una verdadera pasión por la cartografía se va dar la resultante de aquella dedicación por los estudios en su ámbito, esfuerzos que van a dar sus resultados al establecer los estudios geográficos como una disciplina propia de estudio en Inglaterra, escribe su obra : "On the Scope and Methods of Geogfraphy", texto que se va a convertir en los fundamentos de la Geopolítica, al definir que la política es la simbiosis de las realidades físicas, de la geografía de los países, las cuestiones políticas dependen de los resultados de las incidencias entre el hombre y su entorno, el entorno, incluye la distribución de la superficie de la tierra, el clima, la vegetación, la ausencia o abundancia de recursos naturales.

De su otra obra:

En su libro Britain and the British Seas, puntualiza que la vigencia de las Islas Británicas sobre el mundo dependía del dominio de los mares, como hecho físico, el de ser isla, su sobrevivencia   era vulnerable ante las potencias que tejían sus dominios en la tierra condiciones físico-geográficas permanentes, a diferencia de que las islas, en su caso las británicas, las que como tal su hegemonía dependía del dominio de los mares.

En sus razonamientos, fijados en otra de sus obras, resaltaba la importancia estratégica de la geografía y acentuaba que, en un periodo, referido a cuatro centurias, que "el mundo es, por primera vez un sistema políticamente cerrado". The Geografical Pivot of History, es la obra en referencia en la que usa la historia para ilustrar la importancia estratégica de la geografía y que las naciones no pueden vivir de espaldas a esa realidad.

 Un gran continente, el que denomina la Isla Mundo (Teoría que fundamentaba sobre el pasado del poder mundial, por obvio ya vivido por quienes le habían precedido en sus estudios y le servirían de referencia, su presente y un incierto futuro, a nuestro juicio y como tal dudoso) le va a inducir a dividir el planeta en 6 regiones, señalando que la más importante, el Centro del Mundo o Heartland, Eurasia, el que denominaría Pivote del mundo…"Quién controle Europa del Este dominará el Pivote del Mundo, quien controle el Pivote del Mundo dominará la Isla Mundo, quien domine la Isla Mundo dominará el mundo.

Esta teoría, llamada Teoría del Heartland, venía a vaticinar a nivel histórico que quien controlase la zona de Asia Central-Rusia Central-Siberia, tendría suficientes posibilidades de controlar tanto el resto de Asia como el resto de Europa, pudiendo así obtener una posición privilegiada de cara al dominio mundial. Esta especie de profecía geopolítica nunca ha llegado a darse realmente, aunque sí es cierto que en varios momentos de la historia ha estado cerca de cumplirse.

Rudolf Kjellen.

"Es la ciencia que concibe al Estado como un organismo geográfico o como un fenómeno en el espacio... "la influencia de los factores geográficos, en la más amplia acepción de la palabra, sobre el desarrollo político en la vida de los pueblos y Estados"

.   En su planteamiento consideraba al Estado, por analogía como un ser viviente , como una forma de vida en el cuándo nace, crece y muere, en medio de permanentes luchas y conflictos de tipo biológicos, combinando la geografía, la política, la historia, la biología y la sociología, en medio de permanentes luchas y conflictos , a su juicio va sostener que los imperios de principios del siglo XX se transformarían en estados-nación que para sobrevivir formarían un bloque de estados bajo la protección de Alemania, elementos que conjugados por las ciencias, allí la geografía, la política , la historia, con la bilogía, la sociología y el naturismo; serían las base para la vigencia de los planteamientos que acentuaba en su teoría.

Alfred Tyler Mahan

El poder marítimo... "es todo lo que tiende a hacer grande a un pueblo sobre o al lado del mar...que esté compuesto por muchos factores y no puede ser expresado fácilmente como una sola entidad..."

Si bien los teóricos que conjugaron sus esfuerzos y pensamientos en función de una manera de llevar adelante los elementos, geografía y política, los que en simbiosis darían vida al concepto de geopolítica, fueron europeos y más en común con una clara tendencia hacia los intereses de Alemania, precedentes que existían desde la I Guerra Mundial, enseñanzas que fueron los fundamentos para atribuir la responsabilidad de los resultados, adversos a este país, por culpa de los juristas; no menos cierto es que los escenarios para desarrollar sus teorías fueron los terrestres, dominios que eran el motivo de la pugnacidad para extenderlos, hasta que hizo su aparición un teórico ya no europeo sino norteamericano que establecería criterios diametralmente opuestos a aquellos y escenarios no terrestres.

Se hace presente la aplicación del concepto de la geopolítica, pero trasladado a los confines del mar bajo la egida del Vicealmirante de la marina norteamericana Alfred Tyler Mahan, cuyos fundamentos persiguen desarrollar el poder marítimo pero un poco más allá de la práctica de quienes regían los destinos de su país de origen, la que se había estructurado en apego al fortalecimiento del poder naval haciendo abstracción del valor y potencialidad de la marina mercante, la que entraría en el juego geopolítico pero mejorando su apresto operacional y acorde con los adelantos tecnológicos, así como la incorporación de los estratos económicos, sociales, políticos y por obvio los militares en cuya configuración estaba la fuerza de las armas.

Control político y militar en el que se desarrollaría la teoría que plateaba Mahan, la del poder naval, donde el dominio terrestre si ya se ejercía, con el control de los mares el dominio adquiriría conformación de universal, premisa en la que fundamentaba su teoría: "Quien domine el comercio marítimo internacional, dominará el mundo".

El dominio de los mares, permitiría no solamente evitar ataques en el propio territorio, como ya lo era de usual practica de defensa que se aplicaba, sino tomar la ofensiva para atacar al enemigo, como hombre formado en los cuarteles y buques de la armada, fundamentaba su pensamiento en la invariabilidad de los principios de la guerra, conocimientos que va a incorporar a su teoría; las bases militares en tierra , más aun las de las costas, garantizan el control del poder naval propio y el de la marina del enemigo, en su propuesta, de allí que aquellas bases que no son de propiedad debe procurarse su adquisición por medio de la negociación o la conquista de las mismas, los efectos de la aplicación de un principio estratégico de poder naval, el que acentúa que la concentración de fuerzas permite lograr la superioridad en el lugar decisivo.

Como hombre de la mar, consideraba que la misión principal del poder naval, en el que fundamentaba su teoría, era la de mantener libre las comunicaciones marítimas y comerciales abiertas a la navegación de los esfuerzos marítimos propios y negados al enemigo, caso de enfrentamiento armado o del adversario, en otros términos, como lo podrían ser los comerciales. Una vinculante relación entre el control del mar y la situación de una eventual guerra en tierra, es un imperativo considerar.

Como instrumento de política exterior, el Almirante en su planteamiento teórico considera que ese componente, el poder marítimo, apuesta a la realización de los objetivos nacionales en simbiosis con dicho poder, el comercio y las colonias en los que operan ciertos factores que son determinantes para el desarrollo de dicho Poder, siendo ellos, entre otros la situación tantos: la situación geográfica del país; la conformación física del mismo , el número de habitantes dedicados a actividades relacionadas con el mar y la clase de gobierno.

De las conclusiones que el teórico norteamericano determina en sus planteamientos una de ellas es la de que los resultados de la comercialización de los productos están en relación directa con la fortaleza de su flota mercante para arribar a los puertos de las colonias, subyaciendo en sus objetivos la relación política lo que contribuye a establecer unas bases con visión expansionista y mercantilista, siendo para ello determinante la diferenciación de la estrategia marítima y la militar , necesarias ambas dependiendo de la situación que se planteé, es decir ya en tiempo de guerra o de paz; guardar distancia del aislacionismo en razón a que la fuente de recursos y de riqueza se encuentra en el mundo exterior; de vital importancia para el logro de los objetivos, fortalecimiento del comercio exterior, será impostergable el desarrollo de la marina mercante ; para obtener el poder marítimo, al que debe recurrirse haciendo uso de la vías más apropiadas , como lo son el comercio y los acuerdos políticos para el expansionismo en tiempos de paz, y la del dominio del mar en tiempos de guerra y paz.

El dominio del mar en tiempos de guerra requiere grandes concentraciones navales y el establecimiento de bases que mantengan abiertas las líneas de abastecimiento de esas fuerzas y reduzcan sus tiempos de respuesta, aportes que se desprenderán de la situación geográfica, características que son determinantes, en sentido negativo, al poder marítimo como lo son: situación geográfica, la que de por si condiciona el desarrollo del poder naval a disponer de ventajas estratégicas que permita la concentración de fuerzas y dominio de los pasos y tráfico marítimo.

La facilidad de acceso a las costas del país a través de las comunicaciones de sus puertos; extensión de las costa y características de los puertos, así como también la igualdad de las condiciones geográficas y físicas, factor que está en relación con la población y su número que más que esto, el número, resulta más favorable la cantidad de ellos cuya actividad se relaciona con el mar.

En concreto, para Mahan su estrategia, (la que, con la aparición del submarino, más aún en periodos de tensiones y conflictos, fue cuestionada), se fundamentaba en: fortalecer una gran potencia basada en el volumen de tráfico mercante; una gran potencia naval capaz de proteger a la marina mercante, así como imponer con su presencia una amenaza al virtual adversario. Ante esa eventualidad, la presencia de los submarinos, se imponía la escolta de buques de guerra capaces de navegar grandes distancias, así como controlar las rutas comerciales para lo que recomendaba instalar bases navales en Hawái, las Antillas y control del Canal de Panamá, el que para su época era solo un proyecto, e inevitablemente un sostenido apoyo para la protección de los barcos mercantes, tanto como obstaculizar la actuación de los adversarios.

Capitulo IX.

Apuntes para una Geopolítica del Cosmos en el Siglo XXI.

Para analizar la posibilidad de una eventual carrera espacial de nuevo estilo y ello ante la inminencia de la participación de varios actores en un escenario cuyas cortinas se correrían en el ayer para las dos potencias, Rusia y Estados Unidos, que se enfrascaron en aquella carrera espacial de cuya culminación la historia considera que ella finalizó con la llegada del hombre la Luna ; se tendría que partir del análisis de un concepto que para todos los países consideramos existe, concepción Geopolítica, militarista, muy difundida en América Latina, más aun en los países del Cono sur, por allí también Brasil, en la que cobraba capital importancia el concepto de Seguridad Nacional, de la que como doctrina estaba dirigida a dirimir los conflictos por el uso de las armas, tanto como ejercer sus ambiciones expansionistas al arrimo de ese concepto.

El que llevado al terreno de la carrera espacial que se llevara a cabo entre aquellas dos potencias que en la misma se enfrascaron, en ese contexto y para mediar ante la posibilidad de una guerra nuclear, la Guerra Fría fungía de virtual catalizador de lo que podría suceder, espacios absorbidos por los Estados Unidos que se abrogaron la responsabilidad de mantener el equilibrio frente al poderío de la Unión Soviética, influencia que se extendería a los países del Tercer mundo , los que formaban parte de del bloque capitalista y bajo la influencia de los Estados Unidos, igualmente la Unión Soviética hizo lo propio con países bajo su dominio, así como la expansión por vía de la subversión armada en países susceptibles de catequizar.

Ante esa concepción militarista, y en el entendido de que Rusia y China ya disponen de una Fuerza Espacial, con miras a asegurarse el dominio del espacio los Estados Unidos por vía de su Presidente, ya en ese sentido a la zaga en relación con sus adversarios, ha dispuesto crear sus Fuerzas Espaciales, comando para consolidar las fuerzas de combate de la guerra espacial, mando que coordinaría la utilización de las fuerzas espaciales ya existentes en los componentes de las Fuerza Armadas y las que están adscritas con satélites militares, asi como integrar las capacidades espaciales en todas las tramas del Ejercito, desarrollar la doctrina espacial, tácticas , técnicas y procedimientos operativos sobre esa materia.

Proyecto que con cierta reticencia hay quienes adversan la idea por oneroso y burocrático, anteponiéndose quienes la propician argumentando la impostergable necesidad de renovar el enfoque que sobre los intereses económicos y de seguridad se tiene al momento de defender dichos intereses, subyaciendo en esos criterios, veladamente, el de mantener el liderazgo mundial en el espacio ultraterrestre, cuando sostiene que"el espacio es un dominio de combate de guerra al igual que la tierra, el aire y el mar" y para " y para garantizar que" nuestros combatientes tengan la libertad y la flexibilidad que necesitan para disuadir y derrotar cualquier amenaza a nuestra seguridad en el campo de batalla del espacio, en rápida evolución' y "mejorar nuestra seguridad nacional en el espacio".

Competencia que ha develado la necesidad de los norteamericanos de convenir Acuerdos con Rusia, suerte de búsqueda de un aliado necesario para contrarrestar el proyecto de la China en cuanto a desarrollar una estación espacial en la Luna que opere como base para el lanzamiento de misiones a otros planetas. Visto así, podemos colegir que la geopolítica del espacio ha cobrado mayor relevancia en los estamentos políticos estadounidenses, cuando sostienen que el espacio es un dominio de guerra conjunto que Estados Unidos debe dominar.

El dominio de los espacios visto bajo una concepción geopolítica pasa por definir otras áreas que necesariamente deben ser tomadas en cuenta más aun cuando se manejan conceptos acordes con los desarrollos que han surgido con el correr de los años, esto en relación con los que imperaban en tiempos en los que se llevaba a cabo la carrera espacial, fundamentos geopolíticos que servían de plataforma a los objetivos que se plantaban y cuyos fundamentos descansaban exclusivamente en las teorías geopolíticas incubadas en los finales del siglo XIX y comienzos del XX, legado que dejaron sus hacedores que, en cierto modo, deben ser considerados a los fines de las hipótesis que se plantean en cuanto a los preceptos que se manejan en estos tiempos y los venideros en los que hay una percepción de que muchos adelantos tecnológicos y modernos conceptos muchos de ellos se han desarrollado en razón a la globalización,

Entendiendo que esta definición pasa por interpretar que este proceso histórico ha traído consigo transformaciones en todos los órdenes y ámbitos en los que necesariamente todas las sociedades, allí la política, social, económica y tecnológica, ha operado de forma tal que las transformaciones son evidentes en todos los órdenes de los que no podía escapar el capitalismo ,siendo el lugar en el que incubo esa dialéctica del desarrollo contemporáneo, y es allí en el que los avances tecnológicos y la necesidad de expansión han encontrado el lugar en el que más se han evidenciado , las telecomunicaciones, la informática y la ingeniería , han jugado un papel importante en la extensión de las fronteras del saber universal cuando nos encontramos con pensamientos que coadyuvan n la transformación de los pensamientos que ayer eran los que dictaban las pautas , hoy siendo superados por otras teorías sirven de fundamentos a los modernos los que por analogía , pueden ser de mucha utilidad, Veamos, por ejemplo,.

Partamos del concepto del tema que intentamos abordar, de la manera más elemental será la Inteligencia Artificial la facultad de la mente que permite aprender, entender, razonar, tomar decisiones y formarse una idea determinada de la realidad, aplicada al tema que nos ha ocupado y hemos tomado para desarrollar a título de integrarnos de una manera muy sencilla a la celebración de los 50 años de la llegada hombre a la luna, visión geopolítica en la que hemos centrado nuestra la apreciación editorial , consideremos y unas declaraciones del Presidente de Rusia Vladimir Putin, cuando declarara en momentos de inaugurar un , a su decir un Silicón Valley ruso, acentuando que…:"Quién domine la Inteligencia Artificial, dominará el mundo", sentencia dicha para que se entendiera que no tenían intención de quedar rezagados de cara al futuro;   lo que nos resultaba familiar cuando de **Halford John Mackínder**, pensador del XIX, transcribimos, en síntesis, su teoría geopolítica: *"Quién controle Europa del Este dominará el Pivote del Mundo, quien controle el Pivote del Mundo dominará la Isla Mundo, quien domine la Isla Mundo dominará el mundo."*

Rusia y China demuestran que, frente a los Estados Unidos, esa teoría cobra vigencia, por analogía y más aún cuando in extenso vamos más allá, en cuanto al contenido de ese término, la Inteligencia   Artificial,   y   le   encontramos   alguna   otra conceptualización a nuestra visión geopolítica al tomar de **Stephen Hawking**, quien sostenía   que " *la condición inicial para el universo es una de ausencia de fronteras, lo que implica que el universo primitivo debió haber sido casi liso, pero con pequeñas irregularidades ; y que estas habrían crecido luego bajo la influencia de la gravedad y conducido a la formación de las galaxias, estrellas y, en último término , a seres considerados inteligentes"* y para finalizar nuestras citas cuando relaciona la I.A. con la utilización con fines militares "las potencias ven en la utilización de la Inteligencia Artificial una oportunidad económica y tecnológica a futuro y quien quede atrás puede perder su poder Geopolítico."

Capitulo X.

En el programa espacial de los Estados Unidos ¿Por qué un maestro?

A Selva María, mi esposa, maestra de vocación.

El 28 de enero de 1986, exactamente a las 11:30 de la mañana en Caño Cañaveral, sede del Centro Espacial Kennedy, iniciaba raudo hacia el espacio el Challenger su breve y postrer vuelo de 73 segundos para estallar en mil pedazos, envuelto en llamas, ante los ojos atónitos del mundo que asistía a aquel doloroso espectáculo , pegado a las pantallas de la televisión ; doloroso final de un vuelo espacial en el que se perdían en la inmensidad del espacio, para luego ir a las profundidades del mar, los siete astronautas norteamericanos que habían cumplido las duras exigencias propias de esos programas espaciales. Y una maestra.

Siempre he albergado una interrogante a la que he tratado de encontrarle respuesta ¿Por qué un maestro fue seleccionado para ese viaje espacial? Su elección se dio inicio desde el mismo momento en el que respondió al llamado del Presidente Reagan cuando este se dirigió a la NASA para seleccionar al primer pasajero, ciudadano civil para el Proyecto de Maestros en el Espacio, muchos educadores, que al igual que **Sharon Christa McAuliffe**, alrededor de 11.500 maestros respondieron al llamado del mandatario norteamericano, 113 finalistas convergieron en Washington D.C, para de ellos elegir 10 y de los que uno seria el representante de ese sector de la sociedad norteamericana que había sido invitada a participar en el programa para, desde el inmenso espacio del cosmos, dictara una clase magistral a cielo abierto, a los estudiantes de esa nación.

A los exigentes exámenes físicos, psicotécnicos y médicos a los que fueron sometidos, se sucedió la decisión final que que recayó en aquella diminuta mujer que utilizando su año sabático había sorteado exitosamente todos los más estrictos requisitos a los que se había visto sometida en el exhaustivo proceso de selección para ser parte del programa espacial fue la elegida dado sus desempeños y aprestos; siendo sometida durante un año a rigurosos procesos de inducción y entrenamiento lo que incluía vuelos en aviones de combate y de entrenamiento de gravedad cero, tanto como técnicas para el manejo de carga útil de la misión.

En ocasiones me he preguntado ¿Qué motivaciones hubo para que el primer tripulante, no de los pertenecientes a la NASA fuese un educador? Cuando tenemos en nuestro poder el documento que publico el College de France :"Reflexiones sobre la educación del futuro", a solicitud del presidente Mitterrand , en el que se formulaban severas consideraciones a aspectos tan importantes referidas a las relaciones entre maestros , alumnos y padres y sus aplicaciones en ese mundo en el que se desenvolvían esos actores de la realidad educativa francesa , hoy día deteriorada por la urbanización, las relaciones de trabajo y con ello la subestimación de los títulos técnicos y universitarios; a partir de estas disquisiciones teóricas necesariamente tenemos que estar persuadidos que algo no funcionaba bien en los niveles educativos de un país que por una larga etapa fue por donde se rigieron nuestros destinos en el proceso de formación estudiantil de generaciones pasadas unas, vigentes las más.

La explosión del transbordador Challenger fue vista en directo por Televisión

Si a ello sumamos lo que en nuestra opinión pudiese ser la razón de la selección de un educador para que dictara una clase magistral a la juventud escolar de los Estados Unidos, que distanciados en los últimos años de las áreas de interés a los fines del desarrollo técnico e industrial y más específicamente de las espacios científicos, con una perceptible inclinación hacia las áreas humanísticas lo que ha traído como consecuencia parte de la pérdida del poderío económico de esa gran nación, los Estados Unidos, ante la invasión de tecnologías procedentes de otros países, en especial de aquellos que situados en el Asia, los que ellos mismos contribuyeron a fortalecer y que lo están desbordando peligrosamente ; nos estriamos aproximando a la respuesta de la interrogante al expresar el Presidente Reagan, recientemente la palabra mágica " Excelencia", para las ocupaciones de los trabajadores, empresarios y maestros, y con ello se disipan nuestras dudas y vamos al encuentro de nuestra propia realidad.

Le educación venezolana de hoy día tiene una gran influencia e ingredientes en la que se genera al norte del Rio Grande y Europa, por vía de los planificadores de la enseñanza y de la transculturización a la que no solo nuestra juventud sino todos estamos sometidos, cabe hacer algunas consideraciones, las que opinamos sean oportunas. A nuestro juicio.

Admitido como cierto que la educación en esos países pudiese estar en un proceso crítico y habida cuenta que, en parte importante nos hemos formado al alero de ellas, solo nos queda en la forma más sencilla, recurrir al valioso recurso que tenemos para evitar recibir los efectos de esa crisis que se está desencadenando y en cuyo epicentro se puede generar una onda expansiva que nos afecte: El maestro hoy, más que nunca ante el deterioro moral que aqueja a nuestra sociedad cuyas manifestaciones resquebrajan su estructura, tenemos que volver la mirada hacia nuestros maestros para hacer de la educación un factor que verdaderamente legitime el sistema   social en el que vivimos.

Que los fines de la educación no solo sean la letra necrosada que adormece en las placidas páginas de una ley, sino que en manos de ese ser que escogió voluntariamente una carrera tan apostolar, se convierta en un viva enseñanza para ser no solo la proyección del hogar en ese ámbito tan sublime y generoso, sino que la presencia de los niños ante las puertas de las escuelas, a veces muy modestas pero llenas del calor que le imprimen los maestros; reciban el alborozo de esa colmena que ellos semejan y que le dan vida a Venezuela que sonríe en los labios de su juventud.

Que esa dolorosa enseñanza, la del Challenger y la maestra Mc Auliffe, sea recogida por nuestros educadores para inducir en sus alumnos el apego con dedicación y entrega a sus libros a veces puestos de lado para dejarse sugestionar en pensamientos, acciones y obras que los alejan de la autenticidad que nuestra Venezuela reclama.

Nota del autor:

Este Artículo de Opinión fue escrito por quien suscribe en el diario **El Nacional** de Caracas, Venezuela en 1986, para una fecha posterior al trágico vuelo del Challenger como un homenaje póstumo a todos sus integrantes y reconocimiento a una maestra que dio su vida por una causa tan noble: La educación.

ANEXO 1

TRATADOS Y PRINCIPIOS DE LAS NACIONES UNIDAS SOBRE EL ESPACIO ULTRATERRESTRE.

Texto de los tratados y principios que deben regir las actividades de los Estados en la exploración y utilización del espacio ultraterrestre, aprobados por la Asamblea General TRATADOS Y PRINCIPIOS DE LAS NACIONES UNIDAS SOBRE

Primera parte. Tratados de las Naciones Unidas.

A. Tratado sobre los principios que deben regir las actividades de los Estados en la exploración y utilización del espacio ultraterrestre, incluso la Luna y otros cuerpos celestes

B. Acuerdo sobre el salvamento y la devolución de astronautas y la restitución de objetos lanzados al espacio ultraterrestre.

C. Convenio sobre la responsabilidad internacional por daños causados por objetos espaciales.

D. Convenio sobre el registro de objetos lanzados al espacio ultraterrestre.

E. Acuerdo que debe regir las actividades de los Estados en la Luna y otros cuerpos celestes.

Segunda parte. Principios aprobados por la Asamblea General.

A. Declaración de los principios jurídicos que deben regir las actividades de los Estados en la exploración y utilización del espacio ultraterrestre.

B. Principios que han de regir la utilización por los Estados de satélites artificiales de la Tierra para las transmisiones internacionales directas por televisión

C. Principios relativos a la teleobservación de la Tierra desde el espacio.

D. Principios pertinentes a la utilización de fuentes de energía nuclear en el espacio ultraterrestre

E. Declaración sobre la cooperación internacional en la exploración y utilización del espacio ultraterrestre en beneficio e interés de todos los Estados, teniendo especialmente en cuenta las necesidades de los países en desarrollo

iii Prefacio.

Una de las principales responsabilidades de las Naciones Unidas en la esfera jurídica es impulsar el desarrollo progresivo del derecho internacional y su codificación. Un importante sector para el ejercicio de este mandato es el nuevo medio ambiente del espacio ultraterrestre y las Naciones Unidas han hecho varias importantes contribuciones al derecho del espacio ultraterrestre, gracias a los esfuerzos de la Comisión sobre la Utilización del Espacio Ultraterrestre con Fines Pacíficos y su Subcomisión de Asuntos Jurídicos.

Las Naciones Unidas, en realidad, se han convertido en el centro de coordinación para la colaboración internacional en el espacio ultraterrestre y para la formulación de las reglas de derecho internacional necesarias. El espacio ultraterrestre, un medio extraordinario en muchos respectos es, por añadidura, único en su género desde el punto de vista jurídico. Sólo recientemente las actividades humanas y la interacción internacional en el espacio ultraterrestre se han convertido en realidad y se ha comenzado a formular las reglas de conducta internacionales para facilitar las relaciones internacionales en el espacio ultraterrestre.

Como corresponde a un medio cuya naturaleza es tan fuera de lo común, la extensión del derecho internacional al espacio ultraterrestre se ha hecho en forma gradual y evolutiva, a partir del estudio de cuestiones relativas a los aspectos jurídicos, para seguir luego con la formulación de los principios de naturaleza jurídica y, por último, incorporar dichos principios en tratados multilaterales generales.

El primer paso importante en dicho sentido fue la aprobación por la Asamblea General en 1963 de la Declaración de los principios jurídicos que deben regir las actividades de los Estados en la exploración y utilización del espacio ultraterrestre. En los años siguientes se elaboraron en las Naciones Unidas cinco tratados generales multilaterales que incorporan y desarrollan conceptos contenidos en la Declaración de los principios jurídicos: El Tratado sobre los principios que deben regir las actividades de los Estados en la exploración y utilización del espacio ultraterrestre, incluso la Luna y otros cuerpos celestes (resolución 2222 (XXI) de la Asamblea General, anexo), aprobado el 19 de diciembre de 1966, abierto a la firma el 27 de enero de 1967, entró en vigor el 10 de octubre de 1967; **El Acuerdo sobre el salvamento y la devolución de astronautas y la restitución de objetos lanzados al espacio ultraterrestre** (resolución 2345 (XXII) de la Asamblea General, anexo), aprobado el 19 de diciembre de 1967, abierto a la firma el 22 de abril de 1968, entró en vigor el 3 de diciembre de 1968**; El Convenio sobre la responsabilidad internacional por daños causados por objetos espaciales** (resolución 2777 (XXVI) de la Asamblea General, anexo), aprobado el 29 de noviembre de 1971, abierto a la firma el 29 de marzo de 1972, entró en vigor el 11 de septiembre de 1972; v **El Convenio sobre el registro de objetos lanzados al espacio ultraterrestre** (resolución 3235 de la Asamblea General, anexo), aprobado el 12 de noviembre de 1974, abierto a la firma el 14 de enero de 1975, entró en vigor el 15 de septiembre de 1976; y **El Acuerdo que debe regir las actividades de los Estados en la Luna y otros cuerpos celestes** (resolución 34/68 de la Asamblea General, anexo), aprobado el 5 de diciembre de 1979, abierto a la firma el 18 de diciembre de 1979, entró en vigor el 11 de julio de 1984.

Las Naciones Unidas han supervisado la redacción, formulación y aprobación **de cinco resoluciones de la Asamblea General, comprendida la Declaración de los principios jurídicos.** Se trata de lo siguiente: **La Declaración de los principios jurídicos que deben regir las actividades de los Estados en la exploración y utilización del espacio ultraterrestre**, aprobada el 13 de diciembre de 1963 (resolución 1962 (XVII) de la Asamblea General; **Principios que han de regir la utilización por los Estados de satélites artificiales de la Tierra para las transmisiones internacionales directas por televisión,** aprobados el 10 de diciembre de 1982 (resolución 37/92 de la Asamblea General); Los Principios relativos a la teleobservación de la Tierra desde el espacio, aprobados el 3 de diciembre de 1986 (resolución 41/65 de la Asamblea General); **Los Principios pertinentes a la utilización de fuentes de energía nuclear en el espacio ultraterrestre, a**probados el 14 de diciembre de 1992 (resolución 47/68 de la Asamblea General). vi **La Declaración sobre la cooperación internacional en la exploración y utilización del espacio ultraterrestre en beneficio e interés de todos los Estados, teniendo especialmente en cuenta las necesidades de los países en desarrollo, a**probada el 13 de diciembre de 1996 (resolución 51/122 de la Asamblea General).

El Tratado de 1967 sobre los principios que deben regir las actividades de los Estados en la exploración y utilización del espacio ultraterrestre, incluso la Luna y otros cuerpos celestes, que puede considerarse la base jurídica general para la utilización del espacio ultraterrestre con fines pacíficos, ha proporcionado un marco para el desarrollo del derecho del espacio ultraterrestre. Se puede decir que los otros cuatro tratados tratan específicamente de ciertos conceptos incluidos en el Tratado de 1967.

Los tratados relativos al espacio han sido ratificados por muchos gobiernos y muchos más se guían por sus principios. Habida cuenta de la importancia que reviste la cooperación internacional para desarrollar las normas del derecho del espacio, y de su importante función para fomentar la cooperación internacional en la utilización del espacio ultraterrestre con fines pacíficos, la Asamblea General y el Secretario General de las Naciones Unidas han exhortado a todos los Estados Miembros de las Naciones Unidas que aún no sean parte en los tratados internacionales que rigen la utilización del espacio ultraterrestre a que ratifiquen esos tratados o se adhieran a ellos lo antes posible1 . La finalidad de la presente publicación es reunir una vez más en un solo volumen los cinco tratados sobre el espacio ultraterrestre aprobados hasta la fecha por las Naciones Unidas, y los cinco conjuntos de principios.

Se espera que la presente recopilación resulte útil como documento de referencia a todos los que se interesan en los aspectos jurídicos del espacio ultraterrestre. 1 Véase el informe del Secretario **General sobre cooperación internacional en materia de actividades espaciales para fortalecer la seguridad en la era posterior a la guerra fría (A/48/221) y también el párrafo 2 de la resolución 48/39 de la Asamblea General.**

Primera parte Tratados de las Naciones Unidas A.

Tratado sobre los principios que deben regir las actividades de los Estados en la exploración y utilización del espacio ultraterrestre, incluso la Luna y otros cuerpos celeste.

Los Estados Partes en este Tratado, Inspirándose en las grandes perspectivas que se ofrecen a la humanidad como consecuencia de la entrada del hombre en el espacio ultraterrestre, Reconociendo el interés general de toda la humanidad en el proceso de la exploración y utilización del espacio ultraterrestre con fines pacíficos, Estimando que la exploración y la utilización del espacio ultraterrestre se debe efectuar en bien de todos los pueblos, sea cual fuere su grado de desarrollo económico y científico, Deseando contribuir a una amplia cooperación internacional en lo que se refiere a los aspectos científicos y jurídicos de la exploración y utilización del espacio ultraterrestre con fines pacíficos, Estimando que tal cooperación contribuirá al desarrollo de la comprensión mutua y al afianzamiento de las relaciones amistosas entre los Estados y pueblos, Recordando la resolución 1962 (XVIII), titulada "Declaración de los principios jurídicos que deben regir las actividades de los Estados en la exploración y utilización del espacio ultraterrestre", que fue aprobada unánimemente por la Asamblea General de las Naciones Unidas el 13 de diciembre de 1963, Recordando la resolución 1884 (XVIII), en que se insta a los Estados a no poner en órbita alrededor de la Tierra ningún objeto portador de armas nucleares u otras clases de armas de destrucción en masa, ni a emplazar tales armas en los cuerpos celestes, que fue aprobada unánimemente por la Asamblea General de las Naciones Unidas el 17 de octubre de 1963, Tomando nota de la resolución 110 (II), aprobada por la Asamblea General el 3 de noviembre de 1947, que condena la propaganda destinada a provocar o alentar, o susceptible de provocar o alentar cualquier amenaza de la paz, quebrantamiento de la paz o acto de agresión, y considerando que dicha resolución es aplicable al espacio ultraterrestre, Convencidos de que un Tratado sobre los principios que deben regir las actividades de los Estados en la exploración y utilización del espacio ultraterrestre, incluso la Luna y otros cuerpos celestes, promoverá los propósitos y principios de la Carta de las Naciones Unidas, han convenido en lo siguiente:

Artículo I La exploración y utilización del espacio ultraterrestre, incluso la Luna y otros cuerpos celestes, deberán hacerse en provecho y en interés de todos los países, sea cual fuere su grado de desarrollo económico y científico, e incumben a toda la humanidad.

El espacio ultraterrestre, incluso la Luna y otros cuerpos celestes, estará abierto para su exploración y utilización a todos los Estados sin discriminación alguna en condiciones de igualdad y en conformidad con el derecho internacional, y habrá libertad de acceso a todas las regiones de los cuerpos celestes.El espacio ultraterrestre, incluso la Luna y otros cuerpos celestes, estarán abiertos a la investigación científica, y los Estados facilitarán y fomentarán la cooperación internacional en dichas investigaciones

Artículo II El espacio ultraterrestre, incluso la Luna y otros cuerpos celestes, no podrá ser objeto de apropiación nacional por reivindicación de soberanía, uso u ocupación, ni de ninguna otra manera.

Artículo III Los Estados Partes en el Tratado deberán realizar sus actividades de exploración y utilización del espacio ultraterrestre, incluso la Luna y otros cuerpos celestes, de conformidad con el derecho internacional, incluida la Carta de las Naciones Unidas, en interés del mantenimiento de la paz y la seguridad internacionales y del fomento de la cooperación y la comprensión internacionales.
\

Artículo IV. Los Estados Partes en el Tratado se comprometen a no colocar en órbita alrededor de la Tierra ningún objeto portador de armas nucleares ni de ningún otro tipo de armas de destrucción en masa, a no emplazar tales armas en los cuerpos celestes y a no colocar tales armas en el espacio ultraterrestre en ninguna otra forma. La Luna y los demás cuerpos celestes se utilizarán exclusivamente con fines pacíficos por todos los Estados Partes en el Tratado. Queda prohibido establecer en los cuerpos celestes bases, instalaciones y fortificaciones militares, efectuar ensayos con cualquier tipo de armas y realizar maniobras militares. No se prohíbe la utilización de personal militar para investigaciones científicas ni para cualquier otro objetivo pacífico. Tampoco se prohíbe la utilización de cualquier equipo o medios necesarios para la exploración de la Luna y de otros cuerpos celestes con fines pacíficos.

Artículo V. Los Estados Partes en el Tratado considerarán a todos los astronautas como enviados de la humanidad en el espacio ultraterrestre, y les prestarán toda la ayuda posible en caso de accidente, peligro o aterrizaje forzoso en el territorio de otro Estado Parte o en alta mar. Cuando los astronautas hagan tal aterrizaje serán devueltos con seguridad y sin demora al Estado de registro de su vehículo espacial. Al realizar actividades en el espacio ultraterrestre, así como en los cuerpos celestes, los astronautas de un Estado Parte en el Tratado deberán prestar toda la ayuda posible a los astronautas de los demás Estados Partes en el Tratado. Los Estados Partes en el Tratado tendrán que informar inmediatamente a los demás Estados Partes en el Tratado o al Secretario General de las Naciones Unidas sobre los fenómenos por ellos observados en el espacio ultraterrestre, incluso la Luna y otros cuerpos celestes, que podrían constituir un peligro para la vida o la salud de los astronautas.

Artículo VI. Los Estados Partes en el Tratado serán responsables internacionalmente de las actividades nacionales que realicen en el espacio ultraterrestre, incluso la Luna y otros cuerpos celestes, los organismos gubernamentales o las entidades no gubernamentales, y deberán asegurar que dichas actividades se efectúen en conformidad con las disposiciones del presente Tratado. Las actividades de las entidades no gubernamentales en el espacio ultraterrestre, incluso la Luna y otros cuerpos celestes, deberán ser autorizadas y fiscalizadas constantemente por el pertinente Estado Parte en el Tratado. Cuando se trate de actividades que realiza en el espacio ultraterrestre, incluso la Luna y otros cuerpos celestes, una organización internacional, la responsable en cuanto al presente Tratado corresponderá a esa organización internacional y a los Estados Partes en el Tratado que pertenecen a ella.

Artículo VII. Todo Estado Parte en el Tratado que lance o promueva el lanzamiento de un objeto al espacio ultraterrestre, incluso la Luna y otros cuerpos celestes, y todo Estado Parte en el Tratado, desde cuyo territorio o cuyas instalaciones se lance un objeto, será responsable internacionalmente de los daños causados a otro Estado Parte en el Tratado o a sus personas naturales o jurídicas por dicho objeto o sus partes componentes en la Tierra, en el espacio aéreo o en el espacio ultraterrestre, incluso la Luna y otros cuerpos celestes.

Artículo VIII. El Estado Parte en el Tratado, en cuyo registro figura el objeto lanzado al espacio ultraterrestre, retendrá su jurisdicción y control sobre tal objeto, así como sobre todo el personal que vaya en él, mientras se encuentre en el espacio ultraterrestre o en un cuerpo celeste. El derecho de propiedad de los objetos lanzados al espacio ultraterrestre, incluso de los objetos que hayan descendido o se construyan en un cuerpo celeste, y de sus partes componentes, no sufrirá ninguna alteración mientras estén en el espacio ultraterrestre, incluso en un cuerpo celeste, ni en su retorno a la Tierra. Cuando esos objetos o esas partes componentes sean hallados fuera de los límites del Estado Parte en el Tratado en cuyo registro figuran, deberán ser devueltos a ese Estado Parte, el que deberá proporcionar los datos de identificación que se le soliciten antes de efectuarse la restitución.

Artículo IX En la exploración y utilización del espacio ultraterrestre, incluso la Luna y otros cuerpos celestes, los Estados Partes en el Tratado deberán guiarse por el principio de la cooperación y la asistencia mutua, y en todas sus actividades en el espacio ultraterrestre, incluso en la Luna y otros cuerpos celestes, deberán tener debidamente en cuenta los intereses correspondientes de los demás Estados Partes en el Tratado. Los Estados Partes en el Tratado harán los estudios e investigaciones del espacio ultraterrestre, incluso la Luna y otros cuerpos celestes, y procederán a su exploración de tal forma que no se produzca una contaminación nociva ni cambios desfavorables en el medio ambiente de la Tierra como consecuencia de la introducción en él de materias extraterrestres, y cuando sea necesario adoptarán las medidas pertinentes a tal efecto. Si un Estado Parte en el Tratado tiene motivos para creer que una actividad o un experimento en el espacio ultraterrestre, incluso la Luna y otros cuerpos celestes, proyectado por él o por sus nacionales, crearía un obstáculo capaz de perjudicar las actividades de otros Estados Partes en el Tratado en la exploración y utilización del espacio ultraterrestre con fines pacíficos, incluso en la Luna y otros cuerpos celestes, deberá celebrar las consultas internacionales oportunas antes de iniciar esa actividad o ese experimento. Si un Estado Parte en el Tratado tiene motivos para creer que una actividad o un experimento en el espacio ultraterrestre, incluso la Luna y otros cuerpos celestes, proyectado por otro Estado Parte en el Tratado, crearía un obstáculo capaz de perjudicar las actividades de exploración y utilización del espacio ultraterrestre con fines pacíficos, incluso en la Luna y otros cuerpos celestes, podrá pedir que se celebren consultas sobre dicha actividad o experimento.

Artículo X. A fin de contribuir a la cooperación internacional en la exploración y la utilización del espacio ultraterrestre, incluso la Luna y otros cuerpos celestes, conforme a los objetivos del presente Tratado, los Estados Partes en él examinarán, en condiciones de igualdad, las solicitudes formuladas por otros Estados Partes en el Tratado para que se les 6 brinde la oportunidad a fin de observar el vuelo de los objetos espaciales lanzados por dichos Estados. La naturaleza de tal oportunidad y las condiciones en que podría ser concedida se determinarán por acuerdo entre los Estados interesados.

Artículo XI. A fin de fomentar la cooperación internacional en la exploración y utilización del espacio ultraterrestre con fines pacíficos, los Estados Partes en el Tratado que desarrollan actividades en el espacio ultraterrestre, incluso la Luna y otros cuerpos celestes, convienen en informar, en la mayor medida posible dentro de lo viable y factible, al Secretario General de las Naciones Unidas, así como al público y a la comunidad científica internacional, acerca de la naturaleza, marcha, localización y resultados de dichas actividades. El Secretario General de las Naciones Unidas debe estar en condiciones de difundir eficazmente tal información, inmediatamente después de recibirla.

Artículo XII. Todas las estaciones, instalaciones, equipo y vehículos espaciales situados en la Luna y otros cuerpos celestes serán accesibles a los representantes de otros Estados Parte en el presente Tratado, sobre la base de reciprocidad. Dichos representantes notificarán con antelación razonable su intención de hacer una visita, a fin de permitir celebrar las consultas que procedan y adoptar un máximo de precauciones para velar por la seguridad y evitar toda perturbación del funcionamiento normal de la instalación visitada.

Artículo XIII. Las disposiciones del presente Tratado se aplicarán a las actividades de exploración y utilización de espacio ultraterrestre, incluso la Luna y otros cuerpos celestes, que realicen los Estados Partes en el Tratado, tanto en el caso de que esas actividades las lleve a cabo un Estado Parte en el Tratado por sí solo o junto con otros Estados, incluso cuando se efectúen dentro del marco de organizaciones intergubernamentales internacionales. Los Estados Partes en el Tratado resolverán los problemas prácticos que puedan surgir en relación con las actividades que desarrollen las organizaciones intergubernamentales internacionales en la exploración y utilización del espacio ultraterrestre, incluso la Luna y otros cuerpos celestes, con la organización internacional pertinente o con uno o varios Estados miembros de dicha organización internacional que sean Partes en el presente Tratado.

Artículo XIV . Este Tratado estará abierto a la firma de todos los Estados. El Estado que no firmare este Tratado antes de su entrada en vigor, de conformidad con el párrafo 3 de este artículo, podrá adherirse a él en cualquier momento. Este Tratado estará sujeto a ratificación por los Estados signatarios. Los instrumentos de ratificación y los instrumentos de adhesión se depositarán en los archivos de los Gobiernos de los Estados Unidos de América, del Reino Unido de Gran Bretaña e Irlanda del Norte y de la Unión de Repúblicas Socialistas Soviéticas, a los que por el presente se designa como Gobiernos depositarios. Este Tratado entrará en vigor cuando hayan depositado los instrumentos de ratificación cinco gobiernos, incluidos los designados como Gobiernos depositarios en virtud del presente Tratado. Para los Estados cuyos instrumentos de ratificación o de adhesión se depositaren después de la entrada en vigor de este Tratado, el Tratado entrará en vigor en la fecha del depósito de sus instrumentos de ratificación o adhesión. Los Gobiernos depositarios informarán sin tardanza a todos los Estados signatarios y a todos los Estados que se hayan adherido a este Tratado, de la fecha de cada firma, de la fecha de depósito de cada instrumento de ratificación y de adhesión a este Tratado, de la fecha de su entrada en vigor y de cualquier otra notificación. Este Tratado será registrado por los Gobiernos depositarios, de conformidad con el Artículo 102 de la Carta de las Naciones Unidas.

Artículo XV .Cualquier Estado Parte en el Tratado podrá proponer enmiendas al mismo. Las enmiendas entrarán en vigor para cada Estado Parte en el Tratado que las acepte cuando éstas hayan sido aceptadas por la mayoría de los Estados Partes en el Tratado, y en lo sucesivo para cada Estado restante que sea Parte en el Tratado en la fecha en que las acepte.

Artículo XVI. Todo Estado Parte podrá comunicar su retiro de este Tratado al cabo de un año de su entrada en vigor, mediante notificación por escrito dirigida a los Gobiernos depositarios. Tal retiro surtirá efecto un año después de la fecha en que se reciba la notificación.

Artículo XVII. Este Tratado, cuyos textos en chino, español, francés, inglés y ruso son igualmente auténticos, se depositará en los archivos de los Gobiernos depositarios. Los Gobiernos depositarios remitirán copias debidamente certificadas de este Tratado a los gobiernos de los Estados signatarios y de los Estados que se adhieran al Tratado.

EN TESTIMONIO DE LO CUAL, los infrascritos, debidamente autorizados, firman este Tratado. HECHO en tres ejemplares, en las ciudades de Londres, Moscú y Washington D.C., el día veintisiete de enero de mil novecientos sesenta.

Acuerdo sobre el salvamento y la devolución de astronautas y la restitución de objetos lanzados al espacio ultraterrestre.

Las Partes Contratantes, Señalando la gran importancia del Tratado sobre los principios que deben regir las actividades de los Estados en la exploración y utilización del espacio ultraterrestre, incluso la Luna y otros cuerpos celestes1 , el que dispone la prestación de toda la ayuda posible a los astronautas en caso de accidente, peligro o aterrizaje forzoso, la devolución de los astronautas con seguridad y sin demora, y la restitución de objetos lanzados al espacio ultraterrestre, Deseando desarrollar esos deberes y darles expresión más concreta, Deseando fomentar la cooperación internacional en la exploración y utilización del espacio ultraterrestre con fines pacíficos, Animadas por sentimientos de humanidad, Han convenido en lo siguiente: Artículo 1 Toda parte contratante que sepa o descubra que la tripulación de una nave espacial ha sufrido un accidente, se encuentra en situación de peligro o ha realizado un aterrizaje forzoso o involuntario en un territorio colocado bajo su jurisdicción, en alta mar o en cualquier otro lugar no colocado bajo la jurisdicción de ningún Estado, inmediatamente: a) Lo notificará a la autoridad de lanzamiento o, si no puede identificar a la autoridad de lanzamiento ni comunicarse inmediatamente con ella, lo hará público inmediatamente por todos los medios apropiados de comunicación de que disponga; b) Lo notificará al Secretario General de las Naciones Unidas, a quien correspondería difundir sin tardanza la noticia por todos los medios apropiados de comunicación de que disponga. Artículo 2 Si, debido a accidente, peligro o aterrizaje forzoso o involuntario, la tripulación de una nave espacial desciende en territorio colocado bajo la jurisdicción de una Parte Contratante, ésta adaptará inmediatamente todas las medidas posibles para salvar a la tripulación y prestarle toda la ayuda necesaria. Comunicará a la autoridad de lanzamiento y al Secretario General de las Naciones Unidas las medidas que adopte y sus resultados. Si la asistencia de la autoridad de lanzamiento fuere útil para lograr un pronto resultado. Resolución 2222 (XXI) de la Asamblea General, anexo. 10 salvamento o contribuyere en medida importante a la eficacia de las operaciones de búsqueda y salvamento, la autoridad de lanzamiento cooperará con la Parte Contratante con miras a la eficaz realización de las operaciones de búsqueda y salvamento. Tales operaciones se efectuarán bajo la dirección y el control de la Parte Contratante, la que actuará en estrecha y constante consulta con la autoridad de lanzamiento. Artículo 3 Si se sabe o descubre que la tripulación de una nave espacial ha descendido en alta mar o en cualquier otro lugar no colocado bajo la jurisdicción de ningún Estado, las Partes Contratantes que se hallen en condiciones de hacerlo prestarán asistencia, en caso necesario, en las operaciones de búsqueda y salvamento de tal tripulación, a fin de lograr su rápido salvamento.

Esas Partes Contratantes informarán a la autoridad de lanzamiento y al Secretario General de las Naciones Unidas acerca de las medidas que adopten y de sus resultados. Artículo 4 Si, debido a accidente, peligro, o aterrizaje forzoso o involuntario, la tripulación de una nave espacial desciende en territorio colocado bajo la jurisdicción de una Parte Contratante, o ha sido hallada en alta mar o en cualquier otro lugar no colocado bajo la jurisdicción de ningún Estado, será devuelta con seguridad y sin demora a los representantes de la autoridad de lanzamiento. Artículo 5 1. Toda Parte Contratante que sepa o descubra que un objeto espacial o partes componentes del mismo han vuelto a la Tierra en territorio colocado bajo su jurisdicción, en alta mar o en cualquier otro lugar no colocado bajo la jurisdicción de ningún Estado, lo notificará a la autoridad de lanzamiento y al Secretario General de las Naciones Unidas. 2. Toda Parte Contratante que tenga jurisdicción sobre el territorio en que un objeto espacial o partes componentes del mismo hayan sido descubiertos deberá adoptar, a petición de la autoridad de lanzamiento y con la asistencia de dicha autoridad, si se la solicitare, todas las medidas que juzgue factibles para recuperar el objeto o las partes componentes. 3. A petición de la autoridad de lanzamiento, los objetos lanzados al espacio ultraterrestre o sus partes componentes encontrados fuera de los límites territoriales de la autoridad de lanzamiento serán restituidos a los representantes de la autoridad de lanzamiento o retenidos a disposición de los mismos, quienes, cuando sean requeridos a ello, deberán facilitar datos de identificación antes de la restitución. 4. No obstante lo dispuesto en los párrafos 2 y 3 de este artículo, la Parte Contratante que tenga motivos para creer que un objeto espacial o partes 11 componentes del mismo descubiertos en territorio colocado bajo su jurisdicción, o recuperados por ella en otro lugar, son de naturaleza peligrosa o nociva, podrá notificarlo a la autoridad de lanzamiento, la que deberá adoptar inmediatamente medidas eficaces, bajo la dirección y el control de dicha Parte Contratante, para eliminar el posible peligro de daños. 5. Los gastos realizados para dar cumplimiento a las obligaciones de rescatar y restituir un objeto espacial o sus partes componentes, conforme a los párrafos 2 y 3 de este artículo, estarán a cargo de la autoridad de lanzamiento. Artículo 6 A los efectos de este Acuerdo, se entenderá por "autoridad de lanzamiento" el Estado responsable del lanzamiento o, si una organización internacional intergubernamental fuere responsable del lanzamiento, dicha organización, siempre que declara que acepta los derechos y obligaciones previstos en este Acuerdo y que la mayoría de los Estados miembros de tal organización, sean Partes Contratantes en este Acuerdo y en el Tratado sobre los principios que deben regir las actividades de los Estados en la exploración y utilización del espacio ultraterrestre, incluso la Luna y otros cuerpos celestes. Artículo 7 1. Este Acuerdo estará abierto a la firma de todos los Estados. Todo Estado que no firmare este Acuerdo antes de su entrada en vigor, de conformidad con el párrafo 3 de este artículo, podrá adherirse a él en cualquier momento. 2. Este Acuerdo estará sujeto a ratificación por los Estados signatarios. Los instrumentos de ratificación y los instrumentos de adhesión se depositarán en los archivos de los Gobiernos de los Estados Unidos de América, del Reino Unido de Gran Bretaña e Irlanda del Norte, y de la Unión de Repúblicas Socialistas Soviéticas, a los que por el presente se designa como Gobiernos depositarios. 3. Este Acuerdo entrará en vigor cuando hayan depositados los instrumentos de ratificación cinco gobiernos, incluidos los designados como Gobiernos depositarios en virtud de este Acuerdo. 4. Para los Estados cuyos instrumentos de ratificación o de adhesión se depositaren después de la entrada en vigor de este Acuerdo, el Acuerdo entrará en vigor en la fecha del depósito de sus instrumentos de ratificación o de adhesión. 5. Los Gobiernos depositarios informarán sin tardanza a todos los Estados signatarios y a todos los Estados que se hayan adherido a este Acuerdo de la fecha de cada firma, de la fecha de depósito de cada instrumento de ratificación y de adhesión a este Acuerdo, de la fecha de su entrada en vigor y de cualquier otra notificación. 12 6.

Este Acuerdo será registrado por los Gobiernos depositarios, de conformidad con el Artículo 102 de la Carta de las Naciones Unidas. Artículo 8 Todo Estado Parte en el Acuerdo podrá proponer enmiendas al mismo. Las enmiendas entrarán en vigor para cada Estado Parte en el Acuerdo que las aceptare cuando éstas hayan sido aceptadas por la mayoría de los Estados Partes en el Acuerdo, y en lo sucesivo para cada Estado restante que sea Parte en el Acuerdo en la fecha en que las acepte. Artículo 9 Todo Estado Parte en el Acuerdo podrá comunicar su retirada de este Acuerdo al cabo de un año de su entrada en vigor, mediante notificación por escrito dirigida a los Gobiernos depositarios. Tal retirada surtirá efecto un año después de la fecha en que se reciba la notificación. Artículo 10 Este Acuerdo, cuyos textos en chino, español, francés, inglés y ruso son igualmente auténticos, se depositará en los archivos de los Gobiernos depositarios. Los Gobiernos depositarios remitirán copias debidamente certificadas de este Acuerdo a los gobiernos de los Estados signatarios y de los Estados que se adhieran al Acuerdo. EN TESTIMONIO DE LO CUAL, los infrascritos, debidamente autorizados, firman este Acuerdo. HECHO en tres ejemplares, en las ciudades de Londres, Moscú y Washington D.C., el día veintidós de abril de mil novecientos sesenta y ocho.

C. Convenio sobre la responsabilidad internacional por daños causados por objetos espaciales.

Los Estados Partes en el presente Convenio, Reconociendo el interés general de toda la humanidad en promover la exploración y utilización del espacio ultraterrestre con fines pacíficos, Recordando el Tratado sobre los principios que deben regir las actividades de los Estados en la exploración y utilización del espacio ultraterrestre, incluso la Luna y otros cuerpos celestes, Tomando en consideración que, a pesar de las medidas de precaución que han de adoptar los Estados y las organizaciones internacionales intergubernamentales que participen en el lanzamiento de objetos espaciales, tales objetos pueden ocasionalmente causar daños, Reconociendo la necesidad de elaborar normas y procedimientos internacionales eficaces sobre la responsabilidad por daños causados por objetos espaciales y, en particular, de asegurar el pago rápido, con arreglo a lo dispuesto en el presente Convenio, de una indemnización plena y equitativa a las víctimas de tales daños, Convencidos de que el establecimiento de esas normas y procedimientos contribuirá a reforzar la cooperación internacional en el terreno de la exploración y utilización del espacio ultraterrestre con fines pacíficos, Han convenido en lo siguiente:

Artículo I. A los efectos del presente Convenio:

a) Se entenderá por "daño" la pérdida de vidas humanas, las lesiones corporales u otros perjuicios a la salud, así como la pérdida de bienes o los perjuicios causados a bienes de Estados o de personas físicas o morales, o de organizaciones internacionales intergubernamentales;

b) El término "lanzamiento" denotará también todo intento de lanzamiento;

c) Se entenderá por "Estado de lanzamiento":

    i) Un Estado que lance o promueva el lanzamiento de un objeto espacial;

    ii) Un Estado desde cuyo territorio o desde cuyas instalaciones se lance un objeto espacial; d) El término "objeto espacial" denotará también las partes componentes de un objeto espacial, así como el vehículo propulsor y sus partes.

Artículo II. Un Estado de lanzamiento tendrá responsabilidad absoluta y responderá de los daños causados por un objeto espacial suyo en la superficie de la Tierra o a las aeronaves en vuelo.

Artículo III. Cuando el daño sufrido de la superficie de la Tierra por un objeto espacial de un Estado de lanzamiento, o por las personas o los bienes a bordo de dicho objeto espacial, sea causado por un objeto espacial de otro Estado de lanzamiento, este último Estado será responsable únicamente cuando los daños se hayan producido por su culpa o por culpa de las personas de que sea responsable.

Artículo IV

1. Cuando los daños sufridos fuera de la superficie de la Tierra por un objeto espacial de un Estado de lanzamiento. o por las personas o los bienes a bordo de ese objeto espacial, sean causados por un objeto espacial de otro Estado de lanzamiento, y cuando de ello se deriven daños para un tercer Estado o para sus personas físicas o morales, los dos primero Estados serán mancomunada y solidariamente responsables ante ese tercer Estado, conforme se indica a continuación:

a) Si los daños han sido causados al tercer Estado en la superficie de la Tierra o han sido causados a aeronaves en vuelo, su responsabilidad ante ese tercer Estado será absoluta;

b) Si los daños han sido causados a un objeto espacial de un tercer Estado, o a las personas o los bienes a bordo de ese objeto espacial, fuera de la superficie de la Tierra, la responsabilidad ante ese tercer Estado se fundará en la culpa de cualquiera de los dos primeros Estados o en la culpa de las personas de que sea responsable cualquiera de ellos.

2. En todos los casos de responsabilidad solidaria mencionados en el párrafo 1 de este artículo, la carga de la indemnización por los daños se repartirá entre los dos primeros Estados según el grado de la culpa respectiva; si no es posible determinar el grado de la culpa de cada uno de estos Estados, la carga de la indemnización se repartirá por partes iguales entre ellos. Esa repartición no afectará al derecho del tercer Estado a reclamar su indemnización total, en virtud de este Convenio, a cualquiera de los Estados de lanzamiento que sean solidariamente responsables o a todos ellos.
15

Artículo V

1. Si dos o más Estados lanzan conjuntamente un objeto espacial, serán responsables solidariamente por los daños causados.

2. Un Estado de lanzamiento que haya pagado la indemnización por daños tendrá derecho a repetir contra los demás participantes en el lanzamiento conjunto. Los participantes en el lanzamiento conjunto podrán concertar acuerdos acerca de la distribución entre

sí de la carga financiera respecto de la cual son solidariamente responsables. Tales acuerdos no afectarán al derecho de un Estado que haya sufrido daños a reclamar su indemnización total, de conformidad con el presente Convenio, a cualquiera o a todos los Estados de lanzamiento que sean solidariamente responsables.

3. Un Estado desde cuyo territorio o instalaciones se lanza un objeto espacial se considerará como participante en un lanzamiento conjunto.

Artículo VI

1. Salvo lo dispuesto en el párrafo 2 de este artículo, un Estado de lanzamiento quedará exento de la responsabilidad absoluta en la medida en que demuestre que los daños son total o parcialmente resultado de negligencia grave o de un acto de omisión cometido con la intención de causar daños por parte de un Estados demandante o de personas físicas o morales a quienes este último Estado represente.

2. No se concederá exención alguna en los casos en que los daños sean resultado de actividades desarrolladas por un Estado de lanzamiento en las que no se respete el derecho internacional. incluyendo, en especial, la Carta de las Naciones Unidas y el Tratado sobre los principios que deben regir las actividades de los Estados en la exploración y utilización del espacio ultraterrestre, incluso la Luna y otros cuerpos celestes.

Artículo VII. Las disposiciones del presente Convenio no se aplicarán a los daños causados por un objeto espacial del Estado de lanzamiento a: a) Nacionales de dicho Estado de lanzamiento; b) Nacionales de un país extranjero mientras participen en las operaciones de ese objeto espacial desde el momento de su lanzamiento o en cualquier fase posterior al mismo hasta su descenso, o mientras se encuentren en las proximidades inmediatas de la zona prevista para el lanzamiento o la recuperación, como resultado de una invitación de dicho Estado de lanzamiento. 16

Artículo VIII

1. Un Estado que haya sufrido daños, o cuyas personas físicas o morales hayan sufrido daños, podrá presentar a un Estado de lanzamiento una reclamación por tales daños.

2. Si el Estado de nacionalidad de las personas afectadas no ha presentado una reclamación, otro Estado podrá presentar a un Estado de lanzamiento una reclamación respecto de daños sufridos en su territorio por cualquier persona física o moral.

3. Si ni el Estado de nacionalidad de las personas afectadas ni el Estado en cuyo territorio se ha producido el daño han presentado una reclamación ni notificado su intención de hacerlo, otro Estado podrá presentar a un Estado de lanzamiento una reclamación respecto de daños sufridos por sus residentes permanentes.

Artículo IX. Las reclamaciones de indemnización por daños serán presentadas al Estado de lanzamiento por vía diplomática. Cuando un Estado no mantenga relaciones diplomáticas con un Estado de lanzamiento, podrá pedir a otro Estado que presente su reclamación a ese Estado de lanzamiento o que de algún otro modo represente sus intereses conforme a este Convenio. También podrá presentar su reclamación por conducto del Secretario General de las Naciones Unidas, siempre que el Estado demandante y el Estado de lanzamiento sean ambos Miembros de las Naciones Unidas.

Artículo X

1. La reclamación de la indemnización por daños podrá ser presentada a un Estado de lanzamiento a más tardar en el plazo de un año a contar de la fecha en que se produzcan los daños o en que se haya identificado al Estado de lanzamiento que sea responsable.

2. Sin embargo, si el Estado no ha tenido conocimiento de la producción de los daños o no ha podido identificar al Estado de lanzamiento, podrá presentar la reclamación en el plazo de un año a partir de la fecha en que lleguen su conocimiento tales hechos; no obstante, en ningún caso será ese plazo superior a un año a partir de la fecha en que se podría esperar razonablemente que el Estado hubiera llegado a tener conocimiento de los hechos mediante el ejercicio de la debida diligencia.

3. Los plazos mencionados en los párrafos 1 y 2 de este artículo se aplicarán aun cuando no se conozca toda la magnitud de los daños.

En este caso, no obstante, el Estado demandante tendrá derecho a revisar la reclamación y a presentar documentación adicional una vez expirado ese plazo, hasta un año después de conocida toda la magnitud de los daños.

Artículo XI. Para presentar a un Estado de lanzamiento una reclamación de indemnización por daños al amparo del presente Convenio no será necesario haber agotado los recursos locales de que puedan disponer el Estado demandante o las personas físicas o morales que éste represente. Nada de los dispuesto en este Convenio impedirá que un Estado o una persona física o moral a quien éste represente, hagan su reclamación ante los tribunales de justicia o ante los tribunales u órganos administrativos del Estado de lanzamiento. Un Estado no podrá, sin embargo, hacer reclamaciones al amparo del presente Convenio por los mismos daños respecto de los cuales se esté tramitando una reclamación ante los tribunales de justicia o ante los tribunales u órganos administrativos del Estado de lanzamiento, o con arreglo a cualquier otro acuerdo internacional que obligue a los Estados interesados.

Artículo XII. La indemnización que en virtud del presente Convenio estará obligado a pagar el Estado de lanzamiento por los daños causados se determinará conforme al derecho internacional y a los principios de justicia y equidad, a fin de reparar esos daños de manera tal que se reponga a la persona, física o moral, al Estado o a la organización internacional en cuyo nombre se presente la reclamación en la condición que habría existido de no haber ocurrido los daños.

Artículo XIII. A menos que el Estado demandante y el Estado que debe pagar la indemnización de conformidad con el presente Convenio acuerden otra forma de indemnización, ésta se pagará en la moneda del Estado demandante o, si ese Estado así lo pide, en la moneda del Estado que deba pagar la indemnización.

Artículo XIV. Si no se logra resolver una reclamación mediante negociaciones diplomáticas, conforme a lo previsto en el artículo IX, en el plazo de un año a partir de la fecha en que el Estado demandante haya notificado al Estado de lanzamiento que ha presentado la documentación relativa a su reclamación, las partes interesadas, a instancia de cualquiera de ellas, constituirán una Comisión de Reclamaciones.

Artículo XV. La Comisión de Reclamaciones se compondrá de tres miembros: uno nombrado por el Estado demandante, otro nombrado por el Estado de lanzamiento y el tercer miembro, su presidente, escogido conjuntamente por ambas partes. Cada una de las partes hará su nombramiento dentro de los dos meses siguientes a la petición de que se constituya la Comisión de Reclamaciones. Si no se llega a un acuerdo con respecto a la selección del presidente dentro de los cuatro meses siguientes a la petición de que se constituya la Comisión, cualquiera de las partes podrá pedir al Secretario General de las Naciones Unidas que nombre al presidente en un nuevo plazo de dos meses.

Artículo XVI

1. Si una de las partes no procede al nombramiento que le corresponde dentro del plazo fijado, el presidente, a petición de la otra parte, constituirá por sí solo la Comisión de Reclamaciones.

2 Toda vacante que por cualquier motivo se produzca en la Comisión se cubrirá con arreglo al mismo procedimiento adoptado para el primer nombramiento.

3. La Comisión determinará su propio procedimiento.

4. La Comisión determinará el lugar o los lugares en que ha de reunirse y resolverá todas las demás cuestiones administrativas. 5. Exceptuados los laudos y decisiones de la Comisión constituida por un solo miembro, todos los laudos y decisiones de la Comisión se adoptarán por mayoría de votos.

Artículo XVII. El número de miembros de la Comisión de Reclamaciones no aumentará cuando dos o más Estados demandantes o Estados de lanzamiento sean partes conjuntamente en unas mismas actuaciones ante la Comisión. Los Estados demandantes que actúen conjuntamente nombrarán colectivamente a un miembro de la Comisión en la misma forma y con sujeción a las mismas condiciones que cuando se trata de un solo Estado demandante. Cuando dos o más Estados de lanzamiento actúen conjuntamente, nombrarán colectivamente y en la misma forma a un miembro de la Comisión. Si los Estados demandantes o los Estados de lanzamiento no hacen el nombramiento dentro del plazo fijado, el Presidente constituirá por sí solo la Comisión.

Artículo XVIII. La Comisión de Reclamaciones decidirá los fundamentos de la reclamación de indemnización y determinará, en su caso, la cuantía de la indemnización pagadera.

Artículo XIX

1. La Comisión de Reclamaciones actuará de conformidad con lo dispuesto en el artículo XII.

2. La decisión de la Comisión será firma y obligatoria si las partes así lo han convenido; en caso contrario, la Comisión formulará un laudo definitivo que tendrá carácter de recomendación y que las partes atenderán de buena fe. La Comisión expondrá los motivos de su decisión o laudo.

3. La Comisión dictará su decisión o laudo lo antes posible y a más tardar en el plazo de un año a partir de la fecha de su constitución, a menos que la Comisión considere necesario prorrogar ese plazo.

4. La Comisión publicará su decisión o laudo. Expedirá una copia certificada de su decisión o laudo a cada una de las partes y al Secretario General de las Naciones Unidas.

Artículo XX. Las costas relativas a la Comisión de Reclamaciones se dividirán por igual entre las partes, a menos que la Comisión decida otra cosa. Artículo XXI Si los daños causados por un objeto espacial constituyen un peligro, en gran escala, para las vidas humanas o comprometen seriamente las condiciones de vida de la población o el funcionamiento de los centros vitales, los Estados partes, y en particular el Estado de lanzamiento, estudiarán la posibilidad de proporcionar una asistencia apropiada y rápida al Estado que haya sufrido los daños, cuando éste así lo solicite. Sin embargo, lo dispuesto en este artículo no menoscabará los derechos ni las obligaciones de los Estados Partes en virtud del presente Convenio.

Artículo XXII

1. En el presente Convenio, salvo los artículos XXIV a XXVII, se entenderá que las referencias que se hacen a los Estados se aplican a cualquier organización intergubernamental internacional que se dedique a actividades espaciales si ésta declara que acepta los

derechos y obligaciones previstos en este Convenio y si una mayoría de sus Estados miembros son Estados Partes en este Convenio y en el Tratado sobre los principios que deben regir las actividades de los Estados en la exploración y utilización del espacio ultraterrestre, incluso la Luna y otros cuerpos celestes.

2. Los Estados miembros de tal organización que sean Estados Partes en el Convenio adoptarán las medidas adecuadas para lograr que la organización formule una declaración de conformidad con el párrafo procedente.

3. Si una organización intergubernamental internacional es responsable de daños en virtud de las disposiciones del presente Convenio, esa organización y sus miembros que sean Estados Partes en el Convenio serán mancomunada y solidariamente responsables, teniendo en cuenta sin embargo:

a) Que la demanda de indemnización ha de presentarse en primer lugar contra la organización;

b) Que sólo si la organización deja de pagar, dentro de un plazo de seis meses, la cantidad convenida o que se haya fijado como indemnización de los daños, podrá el Estado demandante invocar la responsabilidad de los miembros que sean Estados Partes en este Convenio a los fines del pago de esa cantidad.

4. Toda demanda de indemnización que, conforme a las disposiciones de este Convenio, se haga por daños causados a una organización que haya formulado una declaración en virtud del párrafo 1 de este artículo deberá ser presentada por un Estado miembro de la organización que sea Estado Parte en este Convenio.

Artículo XXIII

1. Lo dispuesto en el presente Convenio no afectará a los demás acuerdos internacionales en vigor en las relaciones entre los Estados Partes en esos acuerdos.

2. Nada de los dispuesto en el presente Convenio podrá impedir que los Estados concierten acuerdos internacionales que confirmen, completen o desarrollen sus disposiciones.

Artículo XXIV

1. El presente Convenio estará abierto a la firma de todos los Estados. El Estado que no firmare este Convenio antes de su entrada en vigor, de conformidad con el párrafo 3 de este artículo, podrá adherirse a él en cualquier momento.

2. El presente Convenio estará sujeto a ratificación por los Estados signatarios. Los instrumentos de ratificación y los instrumentos de adhesión serán entregados para su depósito a los Gobiernos de los Estados Unidos de América, el Reino Unido de Gran Bretaña e

Irlanda del Norte y de la Unión de Repúblicas Socialistas Soviéticas, que por el presente quedan designados Gobiernos depositarios. 21

3. El presente Convenio entrará en vigor cuando se deposite el quinto instrumento de ratificación.

4. Para los Estados cuyos instrumentos de ratificación o de adhesión se depositaren después de la entrada en vigor del presente Convenio, el Convenio entrará en vigor en la fecha del depósito de sus instrumentos de ratificación o de adhesión.

5. Los Gobiernos depositarios informarán sin tardanza a todos los Estados signatarios y a todos los Estados que se hayan adherido a este Convenio, de la fecha de cada firma, de la fecha de depósito de cada instrumento de ratificación y de adhesión a este Convenio, de la fecha de su entrada en vigor y de cualquier otra notificación.

6. El presente convenio será registrado por los Gobiernos depositarios, de conformidad con el Artículo 102 de la Carta de las Naciones Unidas.

Artículo XXV. Cualquier Estado Parte en el presente Convenio podrá proponer enmiendas al mismo. Las enmiendas entrarán en vigor para cada Estado Parte en el Convenio que las aceptare cuando éstas hayan sido aceptadas por la mayoría de los Estados

Partes en el Convenio, y en lo sucesivo para cada Estado restante que sea Parte en el Convenio en la fecha en que las acepte.

Artículo XXVI. Diez años después de la entrada en vigor del presente Convenio, se incluirá en el programa provisional de la Asamblea General de las Naciones Unidas la cuestión de un nuevo examen de este Convenio, a fin de estudiar, habida cuenta de la anterior aplicación del Convenio si es necesario revisarlo. No obstante, en cualquier momento una vez que el Convenio lleve cinco años en vigor, a petición de un tercio de los Estados Partes en este Convenio y con el asentimiento de la mayoría de ellos, habrá de reunirse una conferencia de los Estados Partes con miras a reexaminar este Convenio.

Artículo XXVII. Todo Estado Parte podrá comunicar su retiro del presente Convenio al cabo de un año de su entrada en vigor, mediante notificación por escrito dirigida a los Gobiernos depositarios. Tal retiro surtirá efecto un año después de la fecha en que se reciba la notificación.

Artículo XXVIII. El presente Convenio, cuyos textos en chino, español, francés, inglés y ruso son igualmente auténticos, se depositará en los archivos de los Gobiernos depositarios. Los Gobiernos depositarios remitirán copias debidamente certificadas de este Convenio a los gobiernos de los Estados signatarios y de los Estados que se adhieran al Convenio.

EN TESTIMONIO DE LO CUAL, los infrascritos, debidamente autorizados al efecto, firman este Convenio. HECHO en tres ejemplares, en las ciudades de Londres, Moscú y Washington D.C., el día veintinueve de marzo de mil novecientos sesenta.

Convenio sobre el registro de objetos lanzados al espacio ultraterrestre.

Los Estados Partes en el presente Convenio, Reconociendo el interés común de toda la humanidad en proseguir la exploración y utilización del espacio ultraterrestre con fines pacíficos, Recordando que en el Tratado sobre los principios que deben regir las actividades de los Estados en la exploración y utilización del espacio ultraterrestre, incluso la Luna y otros cuerpos celestes , de 27 de enero de 1967, se afirma que los Estados son internacionalmente responsables de las actividades nacionales que realicen en el espacio ultraterrestre y se hace referencia al Estado en cuyo registro se inscriba un objeto lanzado al espacio ultraterrestre, Recordando también que en el Acuerdo sobre el salvamento y la devolución de astronautas y la restitución de objetos lanzados al espacio ultraterrestre , de 22 de abril de 1968, se dispone que la autoridad de lanzamiento deberá facilitar, a quien lo solicite, datos de identificación antes de la restitución de un objeto que ha lanzado al espacio ultraterrestre y que se ha encontrado fuera de los límites territoriales de la autoridad de lanzamiento, Recordando además que en el Convenio sobre la responsabilidad internacional por daños causados por objetos espaciales , de 29 de marzo de 1972, se establecen normas y procedimientos internacionales relativos a la responsabilidad de los Estados de lanzamiento por los daños causados por sus objetos espaciales, Deseando, a la luz del Tratado sobre los principios que deben regir las actividades de los Estados en la exploración y utilización del espacio ultraterrestre, incluso la Luna y otros cuerpos celestes, adoptar disposiciones para el registro nacional por los Estados de lanzamiento de los objetos espaciales lanzados al espacio ultraterrestre, Deseando asimismo que un registro central de los objetos lanzados al espacio ultraterrestre sea establecido y llevado, con carácter obligatorio, por el Secretario General de las Naciones Unidas, Deseando también suministrar a los Estados Partes medios y procedimientos adicionales para ayudar a la identificación de los objetivos espaciales, Convencidos de que un sistema obligatorio de registro de los objetos lanzados al espacio ultraterrestre ayudaría, en especial, a su identificación y contribuiría a la aplicación y el desarrollo del derecho internacional que rige la exploración y utilización del espacio ultraterrestre, Han convenido en lo siguiente:

Artículo I. Resolución 2345 (XXII) de la Asamblea General, anexo. 3 Resolución 2777 (XXVI) de la Asamblea General, anexo. A los efectos del presente Convenio:

a) Se entenderá por **"Estado de lanzamiento"**: i) Un Estado que lance o promueva el lanzamiento de un objeto espacial; ii) Un Estado desde cuyo territorio o desde cuyas instalaciones se lance un objeto espacial.

b) **El término "objeto espacial"** denotará las partes componentes de un objeto espacial, así como el vehículo propulsor y sus partes;

c) Se entenderá por **"Estado de registro"** un Estado de lanzamiento en cuyo registro se inscriba un objeto espacial de conformidad con el artículo II.

Artículo II

1. Cuando un objeto espacial sea lanzado en órbita terrestre o más allá, el Estado de lanzamiento registrará el objeto espacial por medio de su inscripción en un registro apropiado que llevará a tal efecto. Todo Estado de lanzamiento notificará al Secretario General de las Naciones Unidas la creación de dicho registro.

2. Cuando haya dos o más Estados de lanzamiento con respecto a cualquier objeto espacial lanzado en órbita terrestre o más allá, dichos Estados determinarán conjuntamente cuál de ellos inscribirá el objeto de conformidad con el párrafo 1 del presente artículo, teniendo presentes las disposiciones del artículo VIII del Tratado sobre los principios que deben regir las actividades de los Estados en la exploración y utilización del espacio ultraterrestre, incluso la Luna y otros cuerpos celestes, y dejando a salvo los acuerdos apropiados que se hayan concertado o que hayan de concertarse entre los Estados de lanzamiento acerca de la jurisdicción y el control sobre el objeto espacial y sobre el personal del mismo. El

contenido de cada registro y las condiciones en las que éste se llevará serán determinados por el Estado de registro interesado.

Artículo III

1. El Secretario General de las Naciones Unidas llevará un Registro en el que se inscribirá la información proporcionada de conformidad con el artículo IV.

2. El acceso a la información consignada en este Registro será pleno y libre. 25

Artículo IV

1. Todo Estado de registro proporcionará al Secretario General de las Naciones Unidas, en cuanto sea factible, la siguiente información sobre cada objeto espacial inscrito en su registro: a) Nombre del Estado o de los Estados de lanzamiento;

b) Una designación apropiada del objeto espacial o su número de registro;

c) Fecha y territorio o lugar del lanzamiento;

d) Parámetros orbitales básicos, incluso:

i) Período nodal; ii) Inclinación; iii) Apogeo; iv) Perigeo.

e) Función general del objeto espacial.

2. Todo Estado de registro podrá proporcionar de tiempo en tiempo al Secretario General de las Naciones Unidas información adicional relativa a un objeto espacial inscrito en su registro. Todo Estado de registro notificará al Secretario General de las Naciones Unidas, en la mayor medida posible y en cuanto sea factible, acerca de los objetos espaciales respecto de los cuales haya transmitido información previamente y que hayan estado pero que ya no estén en órbita terrestre.

Artículo V. Cuando un objeto espacial lanzado en órbita terrestre o más allá esté marcado con la designación o el número de registro a que se hace referencia en el apartado b) del párrafo 1 del artículo IV, o con ambos, el Estado de registro notificará este hecho al Secretario General de las Naciones Unidas al presentar la información sobre el objeto espacial de conformidad con el artículo IV. En tal caso, el Secretario General de las Naciones Unidas inscribirá esa notificación en el Registro.

Artículo VI. En caso de que la aplicación de las disposiciones del presente Convenio no haya permitido a un Estado Parte identificar un objeto espacial que haya causado daño a dicho Estado o a alguna de sus personas físicas o morales, o que pueda ser de carácter peligroso o nocivo, los otros Estados Partes, en especial los Estados que poseen instalaciones para la observación y el rastreo espaciales, responderán con la mayor amplitud posible a la solicitud formulada por ese Estado Parte, o transmitida por conducto del Secretario General de las Naciones Unidas en su nombre, para obtener en condiciones equitativas y razonables asistencia para la identificación de tal objeto. Al formular esa solicitud, el 26 Estado Parte suministrará información, en la mayor medida posible, acerca del momento, la naturaleza y las circunstancias de los hechos que den lugar a la solicitud. Los arreglos según los cuales se prestará tal asistencia serán objeto de acuerdo entre las partes interesadas.

Artículo VII. En el presente Convenio, salvo los artículos VIII a XII inclusive, se entenderá que las referencias que se hacen a los Estados se aplican a cualquier organización intergubernamental internacional que se dedique a actividades espaciales si ésta declara que acepta los derechos y obligaciones previstos en este Convenio y si una mayoría de sus Estados miembros son Estados Partes en este Convenio y en el Tratado sobre los principios que deben regir las actividades de los Estados en la exploración y utilización del espacio ultraterrestre, incluso la Luna y otros cuerpos celestes. Los Estados miembros de tal organización que sean Estados Partes en este Convenio adoptarán todas las medidas adecuadas para lograr que la organización formule una declaración de conformidad con el párrafo 1 de este artículo.

Artículo VIII.

1 El presente Convenio estará abierto a la firma de todos los Estados en la Sede de las Naciones Unidas, en Nueva York. Todo Estado que no firmare este Convenio antes de su entrada en vigor de conformidad con el párrafo 3 de este artículo podrá adherirse a él en cualquier momento.

2. El presente Convenio estará sujeto a ratificación por los Estados signatarios. Los instrumentos de ratificación y los instrumentos de adhesión serán depositados en poder del Secretario General de las Naciones Unidas.

3. El presente Convenio entrará en vigor entre los Estados que hayan depositado instrumentos de ratificación cuando se deposite en poder del Secretario General de las Naciones Unidas el quinto instrumento de ratificación.

4. Para los Estados cuyos instrumentos de ratificación o de adhesión se depositaren después de la entrada en vigor del presente Convenio, éste entrará en vigor en la fecha del depósito de sus instrumentos de ratificación o de adhesión.

5. El Secretario General informará sin tardanza a todos los Estados signatarios y a todos los Estados que se hayan adherido a este Convenio de la fecha de cada firma, la fecha de depósito de cada

instrumento de ratificación de este Convenio y de adhesión a este Convenio, la fecha de su entrada en vigor y cualquier otra notificación.

Artículo IX. Cualquier Estado Parte en el presente Convenio podrá proponer enmiendas al mismo. Las enmiendas entrarán en vigor para cada Estado Parte en el Convenio que las acepte cuando hayan sido aceptadas por la mayoría de los Estados Partes en el Convenio y, en lo sucesivo, para cada uno de los restantes Estados que sea Parte en el Convenio en la fecha en que las acepte.

Artículo X. Diez años después de la entrada en vigor del presente Convenio, se incluirá en el programa provisional de la Asamblea General de las Naciones Unidas la cuestión de un nuevo examen del Convenio, a fin de estudiar, habida cuenta de la anterior aplicación del Convenio, si es necesario revisarlo. No obstante, en cualquier momento una vez que el Convenio lleve cinco años en vigor, a petición de un tercio de los Estados Partes en el Convenio y con el asentimiento de la mayoría de ellos, habrá de reunirse una conferencia de los Estados Partes con miras a reexaminar este Convenio. Este nuevo examen tendrá en cuenta, en particular, todos los adelantos tecnológicos pertinentes, incluidos los relativos a la identificación de los objetos espaciales.

Artículo XI. Todo Estado Parte en el presente Convenio podrá comunicar su retiro del mismo al cabo de un año de su entrada en vigor, mediante notificación por escrito dirigida al Secretario General de las Naciones Unidas. Ese retiro surtirá efecto un año después de la fecha en que se reciba la notificación.

Artículo XII. El original del presente Convenio, cuyos textos en árabe, chino, español, francés, inglés y ruso son igualmente auténticos, se depositará en poder del Secretario General de las Naciones Unidas, quien remitirá copias certificadas del Convenio a todos los Estados signatarios y a los Estados que se adhieran a él.

EN TESTIMONIO DE LO CUAL, los infrascritos, debidamente autorizados al efecto por sus respectivos gobiernos, han firmado el presente Convenio, abierto a la firma en Nueva York el día catorce de enero de mil novecientos setenta y cinco. 28 E.

Acuerdo que debe regir las actividades de los Estados en la Luna y otros cuerpos celestes.

Los Estados Partes en el presente Acuerdo, Observando las realizaciones de los Estados en la exploración y utilización de la Luna y otros cuerpos celestes, Reconociendo que la Luna, como satélite natural de la Tierra, desempeña un papel importante en la exploración del espacio ultraterrestre, Firmemente resueltos a favorecer, sobre la base de la igualdad, el desarrollo de la colaboración entre los Estados a los efectos de la exploración y utilización de la Luna y otros cuerpos celestes, Deseando evitar que la Luna se convierta en zona de conflictos internacionales, Teniendo en cuenta los beneficios que se pueden derivar de la explotación de los recursos naturales de la Luna y otros cuerpos celestes, Recordando el **Tratado sobre los principios que deben regir las actividades de los Estados en la exploración y utilización del espacio ultraterrestre, incluso la Luna y otros cuerpos celestes ,** el **Acuerdo sobre el salvamento y la devolución de astronautas y la restitución de objetos lanzados al espacio ultraterrestres ,** el **Convenio sobre la responsabilidad internacional por daños causados por objetos espaciales** y el **Convenio sobre el registro de objetos lanzados al espacio ultraterrestres ,** Teniendo presente la necesidad de aplicar concretamente y desarrollar, en lo concerniente a la Luna y otros cuerpos celestes, las disposiciones de esos instrumentos internacionales, habida cuenta de los futuros progresos en la exploración y utilización del espacio, Han convenido en lo siguiente:

Artículo 1.

1. Las disposiciones del presente Acuerdo relativas a la Luna se aplicarán también a otros cuerpos celestes del sistema solar distintos de la Tierra, excepto en los casos en que con respecto a alguno de esos cuerpos celestes entren en vigor normas jurídicas específicas.

2. Para los fines del presente Acuerdo, las referencias a la Luna incluirán las órbitas alrededor de la Luna u otras trayectorias dirigidas hacia ella o que la rodean. 3. El presente Acuerdo no se aplica a las materias extraterrestres que llegan a la superficie de la Tierra por medios naturales.

Artículo 2. Resolución 3235 (XXIX) de la Asamblea General, anexo. 29 Todas las actividades que se desarrollen en la Luna, incluso su exploración y utilización, se realizarán de conformidad con el derecho internacional, en especial la Carta de las Naciones Unidas, y teniendo en cuenta la Declaración sobre los principios de derecho internacional referentes a las relaciones de amistad y a la cooperación entre los Estados de conformidad con la Carta de las Naciones Unidas5 , aprobada por la Asamblea General el 24 de octubre de 1970, en interés del mantenimiento de la paz y la seguridad internacionales y del fomento de la cooperación internacional y la comprensión recíproca, y prestando la consideración debida a los respectivos intereses de todos los otros Estados Partes.

Artículo 3

1. Todos los Estados Partes utilizarán la Luna exclusivamente con fines pacíficos.

2. Se prohíbe recurrir a la amenaza o al uso de la fuerza, así como a otros actos hostiles o a la amenaza de estos actos, en la Luna. Se prohíbe también utilizar la Luna para cometer tales actos o para hacer tales amenazas con respecto a la Tierra, a la Luna, a naves espaciales, a tripulaciones de naves espaciales o a objetos espaciales artificiales.

3. Los Estados Partes no pondrán en órbita alrededor de la Luna, ni en otra trayectoria hacia la Luna o alrededor de ella, objetos portadores de armas nucleares o de cualquier otro tipo de armas de destrucción en masa, ni colocarán o emplearán esas armas sobre o en la Luna.

4. Queda prohibido establecer bases, instalaciones y fortificaciones militares, efectuar ensayos de cualquier tipo de armas y realizar maniobras militares en la Luna. No se prohíbe la utilización de personal militar para investigaciones científicas ni para cualquier otro fin pacífico. Tampoco se prohíbe la utilización de cualesquier equipo o material necesarios para la exploración y utilización de la Luna con fines pacíficos.

Artículo 4

1. La exploración y utilización de la Luna incumbirán a toda la humanidad y se efectuarán en provecho y en interés de todos los países, sea cual fuere su grado de desarrollo económico y científico. Se tendrán debidamente en cuenta los intereses de las generaciones actuales y venideras, así como la necesidad de promover niveles de vida más altos y mejores condiciones de progreso y desarrollo económico y social de conformidad con la Carta de las Naciones Unidas.

2. En todas sus actividades relativas a la exploración y utilización de la Luna, los Estados Partes se guiarán por el principio de la cooperación y la asistencia mutua. La cooperación internacional conforme al presente Acuerdo deberá ser Resolución 2625 (XXV), anexo. 30 lo más amplia posible y podrá llevarse a cabo sobre una base multilateral o bilateral o por conducto de organizaciones internacionales intergubernamentales.

Artículo 5.

1. Los Estados Partes informarán al Secretario General de las Naciones Unidas, así como al público y a la comunidad científica internacional, en toda la medida de lo posible y practicable, de sus actividades relativas a la exploración y utilización de la Luna. Se proporcionará respecto de cada misión a la Luna, a la mayor brevedad posible después del lanzamiento, información sobre la fecha, los objetivos, las localizaciones, los parámetros orbitales y la duración de la misión, en tanto que, después de terminada cada misión, se proporcionará información sobre sus resultados, incluidos los resultados científicos. En cada misión que dure más de sesenta días, se facilitará periódicamente, a intervalos de treinta días, información sobre el desarrollo de la misión, incluidos cualesquiera resultados científicos. En las misiones que duren más de seis meses, sólo será necesario comunicar ulteriormente las adiciones a tal información que sean significativas.

2. Todo Estado Parte que tenga noticia de que otro Estado Parte proyecta operar simultáneamente en la misma zona de la Luna, o en la misma órbita alrededor de la Luna, o en la misma trayectoria hacia la Luna o alrededor de ella, comunicará sin demora al otro Estado las fechas y los planes de sus propias operaciones.

3. Al desarrollar actividades con arreglo al presente Acuerdo, los Estados Partes informarán prontamente al Secretario General de las Naciones Unidas, así como al público y a la comunidad científica internacional, de cualquier fenómeno que descubran en el espacio ultraterrestre, incluso la Luna, que pueda poner en peligro la vida o la salud humanas, así como de cualquier indicio de vida orgánica.

Artículo 6.

1. La investigación científica en la Luna será libre para todos los Estados Partes, sin discriminación de ninguna clase, sobre la base de la igualdad y de conformidad con el derecho internacional.

2. Al realizar investigaciones científicas con arreglo a las disposiciones del presente Acuerdo, los Estados Partes tendrán derecho a recoger y extraer de la Luna muestras de sus minerales y otras sustancias. Esas muestras permanecerán a disposición de los Estados Partes que las hayan hecho recoger y éstos podrán utilizarlas con fines científicos. Los Estados Partes tendrán en cuenta la conveniencia de poner parte de esas muestras a disposición de otros Estados Partes interesados y de la comunidad científica internacional para la investigación científica. Durante las investigaciones científicas, los Estados 31 Partes también podrán utilizar los minerales y otras sustancias de la Luna en cantidades adecuadas para el apoyo de sus misiones.

3. Los Estados Partes están de acuerdo en que conviene intercambiar personal científico y de otra índole, en toda la medida de lo posible y practicable, en las expediciones a la Luna o en las instalaciones allí situadas.

Artículo 7.

1. Al explorar y utilizar la Luna, los Estados Partes tomarán medidas para que no se perturbe el actual equilibrio de su medio, ya por la introducción de modificaciones nocivas en ese medio, ya por su contaminación perjudicial con sustancias ajenas al medio, ya de cualquier otro modo. Los Estados Partes tomarán también medidas para no perjudicar el medio de la Tierra por la introducción de sustancias extraterrestres o de cualquier otro modo.

2. Los Estados Partes informarán al Secretario General de las Naciones Unidas de las medidas que estén adoptando de conformidad con el párrafo 1 del presente artículo y también, en la mayor medida viable, le notificarán por anticipado todos los emplazamientos que hagan de materiales radiactivos en la Luna y los fines de dichos emplazamientos.

3. Los Estados Partes informarán a los demás Estados Partes y al Secretario General acerca de las zonas de la Luna que tengan especial interés científico, a fin de que, sin perjuicio de los derechos de los demás Estados Partes, se considere la posibilidad

de declarar esas zonas reservas científicas internacionales para las que han de concertarse acuerdos de protección especiales, en consulta con los órganos competentes de las Naciones Unidas.

Artículo 8.

1. Los Estados Partes podrán desarrollar sus actividades de exploración y utilización de la Luna en cualquier punto de su superficie o bajo su superficie, sin perjuicio de las demás estipulaciones del presente Acuerdo.

2. A esos fines, los Estados Partes podrán, especialmente:

a) Hacer aterrizar sus objetos espaciales en la Luna y proceder a su lanzamiento desde la Luna;

b) Instalar su personal y colocar sus vehículos espaciales, su equipo, su material, sus estaciones y sus instalaciones en cualquier punto de la superficie o bajo la superficie de la Luna. El personal, los vehículos espaciales, el equipo, el material, las estaciones y las instalaciones podrán moverse o ser desplazadas libremente sobre o bajo la superficie de la Luna.

3. Las actividades desarrolladas por los Estados Partes de conformidad con las disposiciones de los párrafos 1 y 2 del presente artículo no deberán entorpecer 32 las actividades desarrolladas en la Luna por otros Estados Partes. En caso de que pudieran constituir un obstáculo, los Estados Partes interesados

celebrarán consultas de conformidad con los párrafos 2 y 3 del artículo 15 del presente Acuerdo.

Artículo 9.

1. Los Estados Partes podrán establecer en la Luna estaciones habitadas o inhabitadas. El Estado Parte que establezca una estación utilizará únicamente el área que sea precisa para las necesidades de la estación y notificará inmediatamente al Secretario General de las Naciones Unidas el emplazamiento y objeto de tal estación. Ulteriormente, cada año, dicho Estado notificará asimismo al Secretario General si la estación se sigue utilizando y si se ha modificado su objeto.

2. Las estaciones deberán estar dispuestas de modo que no entorpezcan el libre acceso a todas las zonas de la Luna del personal, los vehículos y el equipo de otros Estados Partes que desarrollan actividades en la Luna de conformidad con lo dispuesto en el presente Acuerdo o en el artículo I del Tratado sobre los principios que deben regir las actividades de los Estados en la exploración y utilización del espacio ultraterrestre, incluso la Luna y otros cuerpos celestes.

Artículo 10.

1. Los Estados Partes adoptarán todas las medidas practicables para proteger la vida y la salud de las personas que se encuentren en la Luna. A tal efecto, considerarán a toda persona que se encuentre en la Luna como un astronauta en el sentido del artículo V del Tratado sobre los principios que deben regir las actividades de los Estados en la exploración y utilización del espacio ultraterrestre, incluso la Luna y otros cuerpos celestes, y como un miembro de la tripulación de una nave espacial en el sentido del Acuerdo sobre el salvamento y la devolución de astronautas y la restitución de objetos lanzados al espacio ultraterrestre.

2. Los Estados Partes ofrecerán refugio en sus estaciones, instalaciones, vehículos o equipo a las personas que se encuentren en peligro en la Luna.

Artículo 11.

1. La Luna y sus recursos naturales son patrimonio común de la humanidad conforme a lo enunciado en las disposiciones del presente Acuerdo y en particular en el párrafo 5 del presente artículo.

2. La Luna no puede ser objeto de apropiación nacional mediante reclamaciones de soberanía, por medio del uso o la ocupación, ni por ningún otro medio.

3. Ni la superficie ni la subsuperficie de la Luna, ni ninguna de sus partes o recursos naturales podrán ser propiedad de ningún Estado, organización internacional intergubernamental o no gubernamental, organización nacional o entidad no gubernamental ni de ninguna persona física.

El emplazamiento de personal, vehículos espaciales, equipo, material, estaciones e instalaciones sobre o bajo la superficie de la Luna, incluidas las estructuras unidas a su superficie o la subsuperficie, no creará derechos de propiedad sobre la superficie o la subsuperficie de la Luna o parte alguna de ellas. Las disposiciones precedentes no afectan al régimen internacional a que se hace referencia en el párrafo 5 del presente artículo.

4. Los Estados Partes tienen derecho a explorar y utilizar la Luna sin discriminación de ninguna clase, sobre una base de igualdad y de conformidad con el derecho internacional y las condiciones estipuladas en el presente Acuerdo.

5. Los Estados Partes en el presente Acuerdo se comprometen a establecer un régimen internacional, incluidos los procedimientos apropiados, que rija la explotación de los recursos naturales de la Luna, cuando esa explotación esté a punto de llegar a ser viable. Esta disposición se aplicará de conformidad con el artículo 18 del presente Acuerdo.

6. A fin de facilitar el establecimiento del régimen internacional a que se hace referencia en el párrafo 5 del presente artículo, los Estados Partes informarán al Secretario General de las Naciones Unidas así como al público y a la comunidad científica internacional, en la forma más amplia posible y viable, sobre los recursos naturales que descubran en la Luna.

7. Entre las principales finalidades del régimen internacional que se ha de establecer figurarán:

a) El desarrollo ordenado y seguro de los recursos naturales de la Luna;

b) La ordenación racional de esos recursos;

c) La ampliación de las oportunidades para el uso de esos recursos;

d) Una participación equitativa de todos los Estados Partes en los beneficios obtenidos de esos recursos, teniéndose especialmente en cuenta los intereses y necesidades de los países en desarrollo, así como los esfuerzos de los países que hayan contribuido directa o indirectamente a la explotación de la Luna.

8. Todas las actividades referentes a los recursos naturales de la Luna se realizarán en forma compatible con las finalidades especificadas en el párrafo 7 del presente artículo y con las disposiciones del párrafo 2 del artículo 6 del presente Acuerdo.

Artículo 12

1. Los Estados Partes retendrán la jurisdicción y el control sobre el personal, los vehículos, el equipo, el material, las estaciones y las instalaciones de su pertenencia que se encuentren en la Luna. El derecho de propiedad de los vehículos espaciales, el equipo, el material, las estaciones y las instalaciones no resultará afectado por el hecho de que se hallen en la Luna. 2. Cuando esos vehículos, instalaciones y equipo o sus partes componentes sean hallados fuera del lugar para el que estaban destinados, se les aplicará el artículo 5 del Acuerdo sobre el salvamento y la devolución de astronautas y la restitución de objetos lanzados al espacio ultraterrestre. 3. En caso de emergencia con peligro para la vida humana, los Estados Partes podrán utilizar el equipo, los vehículos, las instalaciones, el material o los suministros de otros Estados Partes en la Luna. Se notificará prontamente tal utilización al Secretario General de las Naciones Unidas o al Estado Parte interesado.

Artículo 13. El Estado Parte que compruebe que un objeto espacial no lanzado por él o sus partes componentes, han aterrizado en la Luna a causa de una avería o han hecho en ella un aterrizaje forzoso o involuntario informará sin demora al Estado Parte que haya efectuado el lanzamiento y al Secretario General de las Naciones Unidas.

Artículo 14.

1. Los Estados Partes en el presente Acuerdo serán responsables internacionalmente de las actividades nacionales que realicen en la Luna los organismos gubernamentales o las entidades no gubernamentales, y deberán asegurar que dichas actividades se efectúen en conformidad con las disposiciones del presente Acuerdo. Los Estados Partes se asegurarán de que las entidades no gubernamentales que se hallen bajo su jurisdicción sólo emprendan actividades en la Luna con la autorización y bajo la constante fiscalización del pertinente Estado Parte.

2. Los Estados Partes reconocen que, además de las disposiciones del Tratado sobre los principios que deben regir las actividades de los Estados en la exploración y utilización del espacio ultraterrestre, incluso la Luna y otros cuerpos celestes, y del Convenio sobre la responsabilidad internacional por daños causados por objetos espaciales, puede ser necesario hacer arreglos 35 detallados sobre la responsabilidad por daños causados en la Luna como consecuencia de actividades más extensas en la Luna. Esos arreglos se elaborarán de conformidad con el procedimiento estipulado en el artículo 18 del presente Acuerdo.

Artículo 15.

1. Todo Estado Parte podrá asegurarse de que las actividades de los otros Estados Partes en la exploración y utilización de la Luna son

compatibles con las disposiciones del presente Acuerdo. Con este fin, todos los vehículos espaciales, el equipo, el material, las estaciones y las instalaciones que se encuentren en la Luna serán accesibles a los otros Estados Partes. Dichos Estados Partes notificarán con antelación razonable su intención de hacer una visita, con objeto de que sea posible celebrar las consultas que procedan y adoptar un máximo de precauciones para velar por la seguridad y evitar toda perturbación del funcionamiento normal de la instalación visitada. A los efectos del presente artículo, todo Estado Parte podrá utilizar sus propios medios o podrá actuar con asistencia total o parcial de cualquier otro Estado Parte, o mediante procedimientos internacionales apropiados, dentro del marco de las Naciones Unidas y de conformidad con la Carta.

2. Todo Estado Parte que tenga motivos para creer que otro Estado Parte no cumple las disposiciones que le corresponden con arreglo al presente Acuerdo o que otro Estado Parte vulnera los derechos del primer Estado con arreglo al presente Acuerdo podrá solicitar la celebración de consultas con ese Estado Parte. El Estado Parte que reciba dicha solicitud procederá sin demora a celebrar esas consultas. Todos los Estados Partes que participen en las consultas tratarán de lograr una solución mutuamente aceptable de la controversia y tendrán presentes los derechos e intereses de todos los Estados Partes. El Secretario General de las Naciones Unidas será informado de los resultados de las consultas y transmitirá la

información recibida a todos los Estados Partes interesados. 3. Cuando las consultas no permitan llegar a una solución que sea mutuamente aceptable y respete los derechos e intereses de todos los Estados Partes, las partes interesadas tomarán todas las medidas necesarias para resolver la controversia por otros medios pacíficos de su elección adecuados a las circunstancias y a la naturaleza de la controversia. Cuando surjan dificultades en relación con la iniciación de consultas o cuando las consultas no permitan llegar a una solución mutuamente aceptable, todo Estado Parte podrá solicitar la asistencia del Secretario General, sin pedir el consentimiento de ningún otro Estado Parte interesado, para resolver la controversia. El Estado Parte que no mantenga relaciones diplomáticas con otro Estado Parte interesado participará en esas consultas, según prefiera, por sí mismo o por mediación de otro Estado Parte o del Secretario General.

Artículo 16. A excepción de los artículos 17 a 21, se entenderá que las referencias que se hagan en el presente Acuerdo a los Estados se aplican a cualquier organización internacional intergubernamental que realice actividades en el espacio ultraterrestre, siempre que tal organización declare que acepta los derechos y obligaciones estipulados en el presente Acuerdo y que la mayoría de los Estados miembros de la organización sean Estados Partes en el presente Acuerdo y en el Tratado sobre los principios que deben regir las actividades de los Estados en la exploración y utilización del espacio ultraterrestre, incluso la Luna y otros cuerpos celestes. Los Estados miembros de cualquiera de tales organizaciones que sean Estados Partes en el presente Acuerdo adoptarán todas las medidas pertinentes para que la organización haga una declaración de conformidad con lo que antecede.

Artículo 17. Todo Estado Parte en el presente Acuerdo podrá proponer enmiendas al mismo. Las enmiendas entrarán en vigor para cada Estado Parte en el Acuerdo que las acepte cuando éstas hayan sido aceptadas por la mayoría de los Estados Partes en el Acuerdo y, en lo sucesivo, para cada Estado restante que sea Parte en el Acuerdo en la fecha en que las acepte.

Artículo 18. Cuando hayan transcurrido diez años desde la entrada en vigor del presente Acuerdo, se incluirá la cuestión de su reexamen en el programa provisional de la Asamblea General de las Naciones Unidas a fin de considerar, a la luz de cómo se haya aplicado hasta entonces, si es preciso proceder a su revisión. Sin embargo, en cualquier momento, una vez que el presente Acuerdo lleve cinco años en vigor, el Secretario General de las Naciones Unidas, en su calidad de depositario, convocará, a petición de un tercio de los Estados Partes en el Acuerdo y con el asentimiento de la mayoría de ellos, una conferencia de los Estados Partes para reexaminar el Acuerdo. La conferencia encargada de reexaminarlo estudiará asimismo la cuestión de la aplicación de las disposiciones del párrafo 5 del artículo 11, sobre la base del principio a que se hace referencia en el párrafo 1 de ese artículo y teniendo en cuenta en particular los adelantos tecnológicos que sean pertinentes.

Artículo 19

1. El presente Acuerdo estará abierto a la firma de todos los Estados en la Sede de las Naciones Unidas en Nueva York.

2. El presente Acuerdo estará sujeto a ratificación, aprobación o aceptación por los Estados signatarios. Los Estados que no firmen el presente Acuerdo antes de su entrada en vigor de conformidad con el párrafo 3 del presente artículo podrán adherirse a él en cualquier momento. Los instrumentos de ratificación, aprobación, aceptación o adhesión se depositarán ante el Secretario General de las Naciones Unidas.

3. El presente Acuerdo entrará en vigor a los treinta días de la fecha de depósito del quinto instrumento de ratificación, aprobación o aceptación.

4. Para cada uno de los Estados cuyos instrumentos de ratificación, aprobación, aceptación o adhesión se depositen después de la

entrada en vigor del presente Acuerdo, éste entrará en vigor a los treinta días de la fecha del depósito del instrumento respectivo.

5. El Secretario General informará sin tardanza a todos los Estados signatarios y a todos los Estados que se hayan adherido al presente Acuerdo de la fecha de cada firma, de la fecha de depósito de cada instrumento de ratificación, aprobación, aceptación o adhesión al Acuerdo, de la fecha de su entrada en vigor y de cualquier otra notificación. Artículo 20. Todo Estado Parte en el presente Acuerdo podrá comunicar su retiro del Acuerdo al cabo de un año de su entrada en vigor, mediante notificación por escrito dirigida al Secretario General de las Naciones Unidas. Tal retiro surtirá efecto un año después de la fecha en que se reciba la notificación.

Artículo 21. El original del presente Acuerdo, cuyos textos en árabe, chino, español, francés, inglés y ruso son igualmente auténticos, se depositará ante el Secretario General de las Naciones Unidas, que remitirá copias debidamente certificadas del mismo a los gobiernos de los Estados signatarios y de los Estados que se adhieran al Acuerdo.

 EN TESTIMONIO DE LO CUAL, los infrascritos, debidamente autorizados por sus respectivos gobiernos, firman este Acuerdo, abierto a la firma en Nueva York, el día dieciocho de diciembre de mil novecientos setenta y novecientos setenta y dos. D. Convenio. Segunda parte Principios aprobados por la Asamblea General A.

Declaración de los principios jurídicos que deben regir las actividades de los Estados en la exploración y utilización del espacio ultraterrestre La Asamblea General, Inspirándose en las grandes posibilidades que ofrece a la humanidad la entrada del hombre en el espacio ultraterrestre, Reconociendo el interés general de toda la humanidad en el progreso de la exploración y la utilización del espacio ultraterrestre con fines pacíficos, Estimando que el espacio ultraterrestre debe explorarse y utilizarse en bien de la humanidad y en provecho de los Estados, sea cual fuere su grado de desarrollo económico y científico, Deseando contribuir a una amplia cooperación internacional en lo que se refiere a los aspectos científicos y jurídicos de la exploración y utilización del espacio ultraterrestre con fines pacíficos, Estimando que tal colaboración contribuirá al desarrollo de la comprensión mutua y al afianzamiento de las relaciones amistosas entre los Estados y los pueblos, Recordando su resolución 110 (II) de 3 de noviembre de 1947, por la que condenó toda propaganda destinada a provocar o alentar, o susceptible de provocar o alentar, cualquier amenaza a la paz, quebrantamiento de la paz o acto de agresión, y considerando que la citada resolución es aplicable al espacio ultraterrestre, Teniendo en cuenta sus resoluciones 1721 (XVI) y 1802 (XVII) de 20 de diciembre de 1961 y 14 de diciembre de 1962, aprobadas unánimemente por los Estados Miembros de las Naciones Unidas, Declara solemnemente que en la exploración y utilización del espacio ultraterrestre los Estados deben guiarse por los principios siguientes:

1. La exploración y la utilización del espacio ultraterrestre deberán hacerse en provecho y en interés de toda la humanidad.

2. El espacio ultraterrestre y los cuerpos celestes podrán se libremente explorados y utilizados por todos los Estados en condiciones de igualdad y en conformidad con el derecho internacional.

3. El espacio ultraterrestre y los cuerpos celestes no podrán ser objeto de apropiación nacional mediante reivindicación de soberanía, mediante el uso y la ocupación, ni de ninguna otra manera.

4. Las actividades de los Estados en materia de exploración y utilización del espacio ultraterrestre deberán realizarse de conformidad con el derecho internacional, incluida la Carta de las Naciones Unidas, en interés del mantenimiento de la paz y la seguridad internacionales y del fomento de la cooperación y la comprensión internacionales.

5. Los Estados serán responsables internacionalmente de las actividades nacionales que realicen en el espacio ultraterrestre los organismos gubernamentales o las entidades no gubernamentales, así como de asegurar la observancia, en la ejecución de esas

actividades nacionales, de los principios enunciados en la presente Declaración. Las actividades de entidades no gubernamentales en el espacio ultraterrestre deberán ser autorizadas y vigiladas constantemente por el Estado interesado. Cuando se trate de actividades que realice en el espacio ultraterrestre una organización internacional, la responsabilidad en cuanto a la aplicación de los principios proclamados en la presente Declaración corresponderá a esa organización internacional y a los Estados que forman parte de ella.

6. En la exploración y la utilización del espacio ultraterrestre, los Estados se guiarán por el principio de la cooperación y la asistencia mutua y en todas sus actividades en el espacio ultraterrestre deberán tener debidamente en cuenta los intereses correspondientes de los demás Estados. Si un Estado tiene motivos para creer que una actividad o un experimento en el espacio ultraterrestre, proyectado por él o por sus nacionales, crearía un obstáculo capaz de perjudicar las actividades de otros Estados en materia de exploración y utilización del espacio ultraterrestre con fines pacíficos, celebrará las consultas internacionales oportunas antes de emprender esa actividad o ese experimento. Si un Estado tiene motivos para creer que una actividad o un experimento en el espacio ultraterrestre, proyectado por otro Estado, crearía un obstáculo capaz de perjudicar las actividades en materia de exploración y utilización del espacio ultraterrestre con fines

pacíficos, podrá pedir que se celebren consultas sobre esa actividad o ese experimento.

7. En el Estado en cuyo registro figure el objeto lanzado al espacio ultraterrestre retendrá su jurisdicción y control sobre tal objeto, así como sobre todo el personal que vaya en él, mientras se encuentre en el espacio ultraterrestre. La propiedad de los objetos lanzados al espacio ultraterrestre y de sus partes componentes no se modificará con motivo de su paso por el espacio ultraterrestre ni de su regreso a la tierra.

Cuando esos objetos o esas partes componentes sean hallados fuera de los límites del Estado en cuyo registro figuren, se devolverán a ese Estado, que deberá proporcionar, antes de que se efectúe la devolución, los datos de identificación que en su caso se soliciten.

Todo Estado que lance u ocasione el lanzamiento de un objeto al espacio ultraterrestre, y todo Estado desde cuyo territorio o cuyas instalaciones se lance un objeto, serán responsables internacionalmente de los daños causados a otro Estado extranjero o a sus personas naturales o jurídicas por dicho objeto o sus partes componentes en tierra, en el espacio aéreo o en el espacio ultraterrestre.

Los Estados considerarán a todos los astronautas como enviados de la humanidad en el espacio ultraterrestre, y les prestarán toda la ayuda posible en caso de accidente, peligro o aterrizaje forzoso en el territorio de un Estado extranjero o en alta mar. Los astronautas que hagan dicho aterrizaje serán devueltos por medio seguro y sin tardanza al Estado de registro de su vehículo espacial

Principios que han de regir la utilización por los Estados de satélites artificiales de la Tierra para las transmisiones internacionales directas por televisión.

La Asamblea General, Recordando su resolución 2916 (XXVII) de 9 de noviembre de 1972, en la que destacó la necesidad de elaborar los principios que han de regir la utilización por los Estados de satélites artificiales de la Tierra para las transmisiones internacionales directas por televisión, y teniendo presente la importancia de concertar un acuerdo o acuerdos internacionales, Recordando además sus resoluciones 3182 (XXVIII) de 18 de diciembre de 1973, 3234 (XXIX) de 12 de noviembre de 1974, 3388 (XXX) de 18 de noviembre de 1975, 31/8 de 8 de noviembre de 1976, 21/196 de 20 de diciembre de 1977, 33/16 de 10 de noviembre de 1978, 34/66 de 5 de diciembre de 1979 y 35/14 de 3 de noviembre de 1980, así como su resolución 36/35 de 18 de noviembre de 1981, en la que decidió considerar, en su trigésimo séptimo período de sesiones, la aprobación por los Estados de satélites artificiales de la Tierra para las transmisiones internacionales directas por televisión, Tomando nota con reconocimiento de los esfuerzos realizados en la Comisión sobre la utilización del Espacio Ultraterrestre con Fines Pacíficos y su Subcomisión de Asuntos Jurídicos para aplicar las directrices formuladas en las resoluciones mencionadas, Teniendo en cuenta que se han llevado a cabo diversos experimentos de transmisión directa mediante satélites y que en algunos países se hallan en condiciones de entrar en funcionamiento varios sistemas de transmisión directa mediante satélite que pueden ser comercializados en el futuro inmediato, Tomando en consideración que el funcionamiento de satélites internacionales de transmisión directa tendrá importantes consecuencias políticas, económicas, sociales y culturales internacionales, Estimando que el establecimiento de principios para las transmisiones internacionales directas por televisión contribuirá al fortalecimiento de la cooperación internacional en esta esfera y a promover los propósitos y principios de la Carta de las Naciones Unidas, Aprueba los Principios que han de regir la utilización por los Estados de satélites artificiales de la Tierra para las transmisiones internacionales directas por televisión, enunciados en el anexo de la presente resolución.

Anexo. Principios que han de regir la utilización por los Estados de satélites artificiales de la Tierra para las transmisiones internacionales directas por televisión; A. Propósitos y objetivos

1. Las actividades en el campo de las transmisiones internacionales directas de televisión mediante satélites deberán realizarse de manera compatible con los derechos soberanos de los Estados, inclusive el principio de la no intervención, así como con el derecho de toda persona a investigar, recibir y difundir información e ideas, consagrados en los instrumentos pertinentes de las Naciones Unidas.

2. Esas actividades deberán promover la libre difusión y el intercambio mutuo de información y conocimientos en las esferas de la cultura y de la ciencia, contribuir al desarrollo educativo, social y económico, especialmente de los países en desarrollo, elevar la calidad de la vida de todos los pueblos y proporcionar esparcimiento con el debido respeto a la integridad política y cultural de los Estados.

3. Estas actividades deberán desarrollarse de manera compatible con el fomento del entendimiento mutuo y el fortalecimiento de las relaciones de amistad y cooperación entre todos los Estados y pueblos con miras al mantenimiento de la paz y la seguridad internacionales. B. Aplicabilidad del derecho internacional

4. Las actividades en el campo de las transmisiones internacionales directas de televisión mediante satélites deberán realizarse de conformidad con el derecho internacional, incluidos la Carta de las Naciones Unidas, el Tratado sobre los principios que deben regir las actividades de los Estados en la exploración y utilización del espacio ultraterrestre, incluso la Luna y otros cuerpos celestes , de 27 de enero de 1967, las disposiciones pertinentes del Convenio Internacional de Telecomunicaciones y su reglamento de radiocomunicaciones y los instrumentos internacionales relativos a las relaciones de amistad y a la cooperación entre los Estados y a los derechos humanos. C. Derechos y beneficios

5. todo Estado tiene igual derecho a realizar actividades en el campo de las transmisiones internacionales directas de televisión mediante satélites y a autorizar esas actividades por parte de personas naturales y jurídicas bajo su jurisdicción. Todos los Estados y pueblos tienen derecho a gozar y deberán gozar de los beneficios de esas actividades. Todos los Estados, sin discriminación, deberán tener acceso a la tecnología en ese campo en condiciones mutuamente convenidas por todas las partes interesadas. D. Cooperación internacional

6. Las actividades en el campo de las transmisiones internacionales directas de televisión mediante satélites deberán estar basadas en la cooperación internacional y fomentarla. Esta cooperación deberá

ser objeto de acuerdos apropiados. Deberán tenerse especialmente en cuenta las necesidades de los países en desarrollo en la utilización de 45 las transmisiones internacionales directas de televisión mediante satélites para acelerar su desarrollo nacional.

E. Arreglo pacífico de controversias

7. Toda controversia internacional que pueda derivarse de las actividades a que se refieren estos principios deberá resolverse mediante los procedimientos que para el arreglo pacífico de las controversias hayan establecido, de común acuerdo, las partes en la controversia, de conformidad con las disposiciones de la Carta de las Naciones Unidas. F. Responsabilidad de los Estados

8. Los Estados deberán ser internacionalmente responsables de las actividades emprendidas en el campo de las transmisiones internacionales directas de televisión mediante satélites que lleven a cabo o que se realicen bajo su jurisdicción, y de la conformidad de cualesquiera de esas actividades con los principios enunciados en el presente documento.

9. Cuando las transmisiones internacionales directas de televisión mediante satélites sean efectuadas por una organización internacional intergubernamental, la responsabilidad mencionada en el párrafo 8 supra deberá recaer sobre dicha organización y sobre los Estados que participen en ella. G. Derecho y deber de consulta

10. Todo Estado transmisor o receptor, perteneciente a un servicio de transmisiones internacionales directas de televisión mediante satélites establecido entre Estados, celebrará con prontitud, a solicitud de cualquier otro Estado transmisor o receptor perteneciente al mismo servicio, consultas con el Estado solicitante acerca de sus actividades en el campo de las transmisiones internacionales directas de televisión mediante satélites, sin perjuicio de otras consultas que estos Estados puedan celebrar sobre este tema con cualquier otro Estado. H. Derechos de autor y derechos conexos

11. Sin perjuicio de las disposiciones pertinentes del derecho internacional, los Estados deberán cooperar bilateral y multilateralmente para velar por la protección de los derechos de autor y derechos conexos mediante la concertación de acuerdos apropiados entre los Estados interesados o las personas jurídicas competentes que actúen bajo su jurisdicción. En esta cooperación deberán tener especialmente en cuenta los intereses de los países en desarrollo en la utilización de las transmisiones directas de televisión para acelerar su desarrollo nacional. I. Notificación a las Naciones Unidas

12. A fin de promover la cooperación internacional en la exploración y la utilización del espacio ultraterrestre con fines pacíficos, los Estados que realicen o autoricen actividades en el

campo de las transmisiones internacionales directas de televisión mediante satélites deberán informar en la mayor medida posible al Secretario General de las Naciones Unidas acerca de la índole de dichas actividades. Al recibir esa información, el Secretario General deberá darle difusión inmediata y eficaz, transmitiéndola a los organismos especializados competentes, a la comunidad científica internacional y al público en general. J. Consultas y acuerdos entre los Estados. Un Estado que se proponga establecer un servicio de transmisiones internacionales directas de televisión mediante satélites, o autorizar su establecimiento, notificará sin demora su intención al Estado o a los Estados receptores e iniciará prontamente consultas con cualquiera de los Estados que lo solicite. Sólo se establecerá un servicio de transmisiones internacionales directas de televisión mediante satélites tras haberse cumplido las condiciones enunciadas en el párrafo 13 supra, y sobre la base de los acuerdos y/o arreglos previstos en los instrumentos pertinentes de la Unión Internacional de Telecomunicaciones y de conformidad con estos principios. Por lo que respecta al desbordamiento inevitable de la irradiación de la señal del satélite, se aplicarán exclusivamente los instrumentos pertinentes de la Unión Internacional de Telecomunicaciones. C. Principios relativos a la teleobservación de la Tierra desde el espacio La Asamblea General, Recordando su resolución 3234 (XXIX) de 12 de noviembre de 1974, en la que pedía a la

Comisión sobre la Utilización del Espacio Ultraterrestre con Fines Pacíficos y a su Subcomisión de Asuntos Jurídicos que examinaran la cuestión de las consecuencias jurídicas de la teleobservación de la Tierra desde el espacio, así como sus resoluciones 3388 (XXX) de 18 de noviembre de 1975, 31/8 de 8 de noviembre de 1976, 32/196 A de 20 de diciembre de 1977, 33/16 de 10 de noviembre de 1978, 34/66 de 5 de diciembre de 1979, 35/14 de 3 de noviembre de 1980, 36/35 de 18 de noviembre de 1981, 37/89 de 10 de diciembre de 1982, 38/80 de 15 de diciembre de 1983, 39/96 de 14 de diciembre de 1984 y 40/162 de 16 de diciembre de 1985, en las que pedía un examen pormenorizado de las consecuencias jurídicas de la teleobservación de la Tierra desde el espacio, con el objeto de formular proyectos de principios relativos a la teleobservación, Habiendo examinado el informe de la Comisión sobre la Utilización del Espacio Ultraterrestre con Fines Pacíficos sobre la labor realizada en su 291 período de sesiones6 y el texto del proyecto de principios relativos a la teleobservación de la Tierra desde el espacio que figura como anexo al mismo, Tomando nota con satisfacción de que la Comisión sobre la Utilización del Espacio Ultraterrestre con Fines Pacíficos, sobre la base de las deliberaciones de su Subcomisión de Asuntos Jurídicos, ha hecho suyo el texto del proyecto de principios relativos a la teleobservación de la Tierra desde el espacio, Estimando que la aprobación de los principios relativos a la teleobservación de la

Tierra desde el espacio contribuirá al fortalecimiento de la cooperación internacional en esa esfera, Aprueba los Principios relativos a la teleobservación de la Tierra desde el espacio que figuran en el anexo a la presente resolución. Anexo. Principios relativos a la teleobservación de la Tierra desde el espacio.

Principio I. A los efectos de los presentes principios sobre las actividades de teleobservación:

a) **Por "teleobservación"** se entiende la observación de la superficie terrestre desde el espacio, utilizando las propiedades de las ondas electromagnéticas emitidas, reflejadas o difractadas por los objetos observados, para fines de mejoramiento de la ordenación de los recursos naturales, de utilización de tierras y de protección del medio ambiente; Documentos Oficiales de la Asamblea General, cuadragésimo primer período de sesiones, Suplemento N° 20 (A/41/20 y Corr.1). 48

b) Por **"datos primarios"** se entiende los datos brutos recogidos mediante equipos de teleobservación transportados en un objeto espacial y que se transmiten o se hacen llegar al suelo desde el espacio por telemetría, en forma de señales electromagnéticas, mediante película fotográfica, cinta magnética, o por cualquier otro medio;

c) Por **"datos elaborados"** se entiende los productos resultantes de la elaboración de los datos primarios necesaria para hacer utilizables esos datos;

d) Por **"información analizada"** se entiende la información resultante de la interpretación de los datos elaborados, otros datos básicos e información procedente de otras fuentes;

e) **Por "actividades de teleobservación"** se entiende la explotación de sistemas espaciales de teleobservación, de estaciones de recepción y archivo de datos primarios y las actividades de elaboración, interpretación y difusión de datos elaborados.

Principio II. Las actividades de teleobservación se realizarán en provecho e interés de todos los países, sea cual fuere su grado de desarrollo económico, social o científico y tecnológico y teniendo especialmente en cuenta las necesidades de los países en desarrollo.

Principio III. Las actividades de teleobservación se realizarán de conformidad con el derecho internacional, inclusive la Carta de las Naciones Unidas, el Tratado sobre los principios que deben regir las actividades de los Estados en la exploración y utilización del espacio ultraterrestre, incluso la Luna y otros cuerpos celestes, y los instrumentos pertinentes de la Unión Internacional de Telecomunicaciones.

Principio IV Las actividades de teleobservación se realizarán de conformidad con los principios contenidos en el artículo I del Tratado sobre los principios que deben regir las actividades de los Estados en la exploración y utilización del espacio ultraterrestre, incluso la Luna y otros cuerpos celestes, en el cual se dispone en particular que la exploración y utilización del espacio ultraterrestre deberán hacerse en provecho y en interés de todos los países, sea cual fuere su grado de desarrollo económico y científico, y se establece el principio de que el espacio ultraterrestre estará abierto para su exploración y utilización en condiciones de igualdad. Estas actividades se realizarán sobre la base del respeto del principio de la soberanía plena y permanente de todos los Estados y pueblos sobre su propia riqueza y sus propios recursos naturales, teniendo debidamente en cuenta los derechos e intereses, conforme al derecho internacional, de otros Estados y entidades bajo la jurisdicción de éstos.

Tales actividades no deberán realizarse en forma perjudicial para los legítimos derechos e intereses del Estado observado.

Principio V Los Estados que realicen actividades de teleobservación promoverán la cooperación internacional en esas actividades. Con tal fin, esos Estados darán a otros Estados oportunidades de participar en esas actividades. Esa participación se basará en cada caso en condiciones equitativas y mutuamente aceptables.

Principio VI Para obtener el máximo de beneficios de las actividades de teleobservación, se alienta a los Estados a que, por medio de acuerdos u otros arreglos, establezcan y exploten estaciones de recepción y archivo de datos e instalaciones de elaboración e interpretación de datos, particularmente en el marco de acuerdos o arreglos regionales, cuando ello sea posible.

Principio VII Los Estados que participen en actividades de teleobservación prestarán asistencia técnica a los otros Estados interesados, en condiciones mutuamente convenidas.

Principio VIII Las Naciones Unidas y los organismos pertinentes del sistema de las Naciones Unidas fomentarán la cooperación internacional, incluidas la asistencia técnica y la coordinación en la esfera de la teleobservación.

Principio IX De conformidad con el artículo IV del Convenio sobre el registro de objetos lanzados al espacio ultraterrestre4 y con el artículo XI del Tratado sobre los principios que deben regir las actividades de los Estados en la exploración y utilización del espacio ultraterrestre, incluso la Luna y otros cuerpos celestes, el Estado que realice un programa de teleobservación informará de ello al Secretario General de las Naciones Unidas. Comunicará también, en la mayor medida posible dentro de lo viable y factible, toda la demás información pertinente a cualquier Estado, y especialmente a todo país en desarrollo afectado por ese programa, que lo solicite.

Principio X La teleobservación deberá promover la protección del medio ambiente natural de la Tierra. Con tal fin, los Estados que participen en actividades de teleobservación y que tengan en su poder información que pueda prevenir fenómenos perjudiciales para el medio ambiente natural de la Tierra la darán a conocer a los Estados interesados.

Principio XI La teleobservación deberá promover la protección de la humanidad contra los desastres naturales. Con tal fin, los Estados que participen en actividades de teleobservación y que tengan en su poder datos elaborados e información analizada que puedan ser útiles a Estados que hayan sido afectados por desastres naturales o probablemente hayan de ser afectados por un desastre natural inminente, los transmitirán a los Estados interesados lo antes posible.

Principio XII Tan pronto como sean producidos los datos primarios y los datos elaborados que correspondan al territorio bajo su jurisdicción, el Estado objeto de la teleobservación tendrá acceso a ellos sin discriminación y a un costo razonable. Tendrá acceso, asimismo, sin discriminación y en idénticas condiciones, teniendo particularmente en cuenta las necesidades y los intereses de los países en desarrollo, a la información analizada disponible que corresponda al territorio bajo su jurisdicción y que posea cualquier Estado que participe en actividades de teleobservación.

Principio XIII Con el fin de promover e intensificar la cooperación internacional, especialmente en relación con las necesidades de los países en desarrollo, el Estado que realice actividades de teleobservación de la Tierra desde el espacio ultraterrestre celebrará consultas con el Estado cuyo territorio esté observando, cuando éste lo solicite, con miras a ofrecer oportunidades de participación y a aumentar los beneficios mutuos que produzcan estas actividades.

Principio XIV De conformidad con el artículo VI del Tratado sobre los principios que deben regir las actividades de los Estados en la exploración y utilización del espacio ultraterrestre, incluso la Luna y otros cuerpos celestes, los Estados que utilicen satélites de teleobservación serán responsables internacionalmente de sus actividades y deberán asegurar que ellas se efectúen de conformidad con los presentes principios y con las normas del derecho internacional, independientemente de que sean realizadas por organismos gubernamentales o entidades no gubernamentales o por conducto de organizaciones internacionales de las que formen parte esos Estados. El presente principio deberá entenderse sin perjuicio de la aplicabilidad de las normas del derecho internacional sobre la responsabilidad de los Estados en lo que respecta a las actividades de teleobservación.

Principio XV Las controversias que surjan en relación con la aplicación de los presentes principios serán resueltas mediante los procedimientos establecidos para el arreglo pacífico de controversias.

D. Principios pertinentes a la utilización de fuentes de energía nuclear en el espacio ultraterrestre.

La Asamblea General, Habiendo examinado el informe de la Comisión sobre la Utilización del Espacio Ultraterrestre con Fines Pacíficos sobre la labor realizada en su 351 período de sesiones y el texto de los Principios pertinentes a la utilización de fuentes de energía nuclear en el espacio ultraterrestre aprobado por la Comisión y reproducido en el anexo de su informe , Reconociendo que para algunas misiones en el espacio ultraterrestre las fuentes de energía nuclear son especialmente idóneas o incluso indispensables debido a que son compactas, de larga vida y tienen otras características apropiadas, Reconociendo también que la utilización de fuentes de energía nuclear en el espacio ultraterrestre debería centrarse en las aplicaciones en que se aprovechen las propiedades particulares de dichas fuentes de energía, Reconociendo asimismo que la utilización de fuentes de energía nuclear en el espacio ultraterrestre debe basarse en una evaluación exhaustiva en materia de seguridad, incluido el análisis probabilístico del riesgo, con especial hincapié en la reducción del riesgo de exposición accidental del público a radiación o materiales radiactivos nocivos, Reconociendo la necesidad a ese respecto de un conjunto de principios que entrañe objetivos y directrices para garantizar que la utilización de fuentes de energía nuclear en el espacio ultraterrestre se haga en condiciones de seguridad, Afirmando que el presente conjunto de Principios se aplica a las fuentes de energía nuclear en el espacio ultraterrestre destinadas a la generación de energía eléctrica a bordo de objetos espaciales para fines distintos de la propulsión, cuyas características sean en general comparables a las de los sistemas utilizados y las misiones realizadas en el momento de la aprobación de los Principios, Reconociendo que el presente conjunto de Principios estará sujeto a revisiones futuras a la luz de las nuevas aplicaciones de la energía nuclear y de las recomendaciones internacionales sobre protección radiológica que vayan surgiendo, Aprueba los Principios pertinentes a la utilización de fuentes de energía nuclear en el espacio ultraterrestre que se enuncian a continuación.

Principio 1. Aplicabilidad del derecho internacional

Las actividades relativas a la utilización de fuentes de energía nuclear en el espacio ultraterrestre se efectuarán de conformidad con el derecho internacional, particularmente de conformidad con la Carta de las Naciones Unidas y el Tratado sobre los principios que Documentos Oficiales de la Asamblea General, cuadragésimo séptimo período de sesiones, Suplemento Nº 20 (A/47/20). 8 Ibíd., anexo. 53 deben regir las actividades de los Estados en la exploración y utilización del espacio ultraterrestre, incluso la Luna y otros cuerpos celestes.

Principio 2. Uso de expresiones

1. A los efectos de los presentes Principios, las expresiones "Estado de lanzamiento" o "Estado que lance un objeto espacial" denotan el Estado que ejerza la jurisdicción y el control sobre un objeto espacial con fuentes de energía nuclear a bordo en un

momento determinado, en relación con el principio de que se trate. A los efectos del principio 9, se aplicará la definición de la expresión "Estado de lanzamiento" que figura en ese principio. A los efectos del principio 3, los términos "previsible" y "posible" denotan un tipo de acontecimientos o circunstancias cuya probabilidad general de producirse es tal que se considera que incluye sólo posibilidades creíbles a efectos de los análisis de seguridad. La expresión **"principio general de defensa en profundidad",** aplicada a fuentes de energía nuclear en el espacio ultraterrestre, se refiere al uso de características de diseño y funcionamiento en la misión que sustituyan a los sistemas activos o se añadan a ellos para impedir desperfectos de los sistemas o mitigar sus consecuencias. Para lograr este fin no se requieren necesariamente sistemas de seguridad duplicados para cada componente determinado.

Dadas las necesidades especiales del uso en el espacio y de las diversas misiones, ningún conjunto particular de sistemas o características puede considerarse indispensable para lograr ese objetivo. A los efectos del inciso d) del párrafo 2 del principio 3, la expresión "etapa crítica" no incluye medidas como el ensayo con potencia cero, que son fundamentales para garantizar la seguridad de los sistemas.

Principio 3. Directrices y criterios para la utilización en condiciones de seguridad.

A fin de reducir al mínimo la cantidad de material radiactivo en el espacio y los riesgos que éste entraña, la utilización de fuentes de energía nuclear en el espacio ultraterrestre se limitará a las misiones espaciales que no puedan funcionar en forma razonable con fuentes de energía no nucleares. Objetivos generales de protección contra la radiación y seguridad nuclear a) Los Estados que lancen objetos espaciales con fuentes de energía nuclear a bordo se esforzarán por proteger a las personas, la población y la biosfera de los peligros radiológicos. El diseño y la utilización de objetos espaciales con fuentes de energía nuclear a bordo garantizarán, con un alto grado de fiabilidad, que los riesgos, en circunstancias operacionales o accidentales previsibles, se mantengan por debajo de los niveles aceptables definidos en los incisos b) y c) del párrafo 1; Las fuentes de energía nuclear deberán diseñarse también y utilizarse de modo que se garantice con un alto grado de fiabilidad que el material radiactivo no produzca una contaminación importante del espacio ultraterrestre. b) Durante el funcionamiento normal de objetivos espaciales con fuentes de energía nuclear a bordo, incluido el reingreso desde una órbita suficientemente alta según se define en el inciso b) del párrafo 2, deberá observarse el objetivo de la protección adecuada contra la radiación recomendado por la Comisión Internacional de Protección contra las Radiaciones.

Durante dicho funcionamiento no habrá una exposición radiológica apreciable; c) Para limitar la exposición en caso de accidente, en el diseño y la construcción de los sistemas de fuente de energía nuclear se tendrán en cuenta las directrices internacionales generalmente aceptadas y pertinentes sobre la protección contra las radiaciones; Excepto en los casos de poca probabilidad de accidentes con consecuencias radiológicas potencialmente graves, el diseño de los sistemas de fuente de energía nuclear deberá limitar, con un alto grado de confianza, la exposición a la radiación a una región geográfica reducida y, en lo que respecta a las personas, al límite principal de 1 mSv por año.

Es admisible utilizar un límite subsidiario de 5 mSv por año durante algunos años, siempre que la dosis equivalente efectiva anual media durante una vida no supere el límite principal de 1 mSv por año. La probabilidad de accidentes con consecuencias radiológicas potencialmente graves mencionada anteriormente se mantendrá a un nivel sumamente bajo por medio del diseño del sistema. Las modificaciones futuras de las directrices a que se hace referencia en este apartado se aplicarán lo antes posible. d) Los sistemas importantes para la seguridad se diseñarán, construirán y utilizarán de conformidad con el principio general de defensa en profundidad. Según este principio, las fallas o desperfectos previsibles que guarden relación con la seguridad deben poder corregirse y contrarrestarse mediante una acción o un procedimiento, posiblemente automático.

La fiabilidad de los sistemas importantes para la seguridad quedará asegurada, entre otras cosas, mediante la redundancia, la separación física, el aislamiento funcional y una independencia suficiente de sus componentes. También se adoptarán otras medidas para elevar el nivel de seguridad. Reactores nucleares

a) Los reactores nucleares podrán funcionar: i) En misiones interplanetarias; ii) En órbitas suficientemente altas definidas en el inciso

b) del párrafo 2; iii) En órbitas terrestres bajas si se estacionan en una órbita suficientemente alta después de la parte operacional de su misión. b) Una órbita suficientemente alta es aquella en que la vida orbital es lo suficientemente larga para que se produzca una desintegración suficiente de los productos de la fisión hasta llegar a una actividad del orden de la de los actínidos.

La órbita debe ser tal que se reduzcan al mínimo los riesgos para las misiones al espacio ultraterrestre actuales y futuras y los riesgos de colisión con otros objetos espaciales. Para la determinación de la altura de una órbita suficientemente alta se tendrá en cuenta la necesidad de que las piezas de un reactor destruido alcancen también el nivel necesario de desintegración antes de reingresar a la atmósfera terrestre;

c) En los reactores nucleares sólo se deberá usar como combustible uranio 235 altamente enriquecido. En la concepción deberá tenerse en cuenta la desintegración radiológica de los productos de fisión y de activación;

d) Los reactores nucleares no deberán alcanzar la etapa crítica antes de haber llegado a la órbita operacional o haber alcanzado la trayectoria interplanetaria;

e) El diseño y la construcción del reactor nuclear deberán garantizar que éste no pueda alcanzar la etapa crítica antes de llegar a la órbita operacional en todas las circunstancias posibles, entre ellas la explosión del cohete, el reingreso, el impacto en tierra o agua, la inmersión en agua o la penetración de agua en el núcleo del reactor;

f) A fin de reducir en grado considerable la posibilidad de desperfectos en los satélites con reactores nucleares a bordo durante el funcionamiento en una órbita que tenga una vida más corta que una órbita suficientemente alta (incluido el funcionamiento durante la transferencia a la órbita suficientemente alta), deberá haber un sistema operacional muy fiable que garantice la destrucción eficaz y controlable del reactor. 3.

Generadores isotópicos

a) Los generadores isotópicos podrían utilizarse para misiones interplanetarias u otras misiones más allá del campo gravitatorio de la Tierra. También pueden utilizarse en órbitas terrestres si se estacionan en una órbita alta luego de concluir la parte operacional de su misión. En todo caso, es necesario, en última instancia, destruirlos;

b) Los generadores isotópicos deberán estar protegidos por un sistema de contención concebido y construido para que soporte el calor y las fuerzas aerodinámicas durante el reingreso en la atmósfera superior en todas las condiciones orbitales previsibles, incluidas órbitas muy elípticas o hiperbólicas, en su caso.

El sistema de contención y la forma física del isótopo deberán garantizar que no se produzca la dispersión de material radiactivo en el medio ambiente, de modo que la zona de impacto pueda quedar totalmente libre de radiactividad mediante una operación de recuperación.

Principio 4. Evaluaciones de seguridad

1. En la etapa de lanzamiento, el Estado de lanzamiento definido en el párrafo 1 del principio 2 tomará disposiciones para que, antes del lanzamiento, se proceda a una evaluación a fondo y exhaustiva

de las condiciones de seguridad, en colaboración, cuando proceda, con quienes hayan diseñado, construido o fabricado la fuente de energía nuclear o quienes hayan de encargarse del funcionamiento del objeto espacial que lleve la fuente de 56 energía nuclear a bordo o desde cuyo territorio o instalaciones se lance ese objeto. La evaluación abarcará también todas las fases pertinentes de la misión y todos los sistemas correspondientes, incluidos los medios de lanzamiento, la plataforma espacial, la fuente de energía nuclear y su equipo, y los medios de control y comunicación entre la Tierra y el espacio.

2. La evaluación se ajustará a las directrices y los criterios para la utilización en condiciones de seguridad enunciados en el principio 3. 3.

De conformidad con el artículo XI del Tratado sobre los principios que deben regir las actividades de los Estados en la exploración y utilización del espacio ultraterrestre, incluso la Luna y otros cuerpos celestes, los resultados de las evaluaciones de seguridad, junto con una indicación del período aproximado del lanzamiento, en la medida en que ello sea posible, se harán públicos antes de cada lanzamiento y se informará al Secretario General de las Naciones Unidas sobre la forma en que los Estados puedan llegar a conocer tales resultados de las evaluaciones de seguridad, a la mayor brevedad posible, antes de cada lanzamiento.

Principio 5. **Notificación del reingreso 1**.

El Estado que lance un objeto espacial con fuentes de energía nuclear a bordo deberá informar oportunamente a los Estados interesados en caso de que hubiera fallas de funcionamiento que entrañaran el riesgo de reingreso a la Tierra de materiales radiactivos. La información debe ajustarse al siguiente modelo:

a) Parámetros del sistema: i) Nombre del Estado o los Estados de lanzamiento, incluida la dirección de la autoridad a la que pudiera pedirse información adicional o asistencia en caso de accidente; ii) Designación internacional; iii) Fecha y territorio o lugar de lanzamiento; iv) Información necesaria para poder predecir con la mayor exactitud posible la duración en órbita, la trayectoria y la zona de impacto; v) Función general del vehículo espacial.

b) Información sobre los riesgos radiológicos de la fuente o las fuentes de energía nuclear: i) Tipo de fuente (fuente radioisotópica o reactor); ii) Forma física probable, cantidad y características radiológicas generales del combustible y de los componentes contaminados o activados que tengan probabilidades de llegar a la superficie terrestre.

El término "combustible" se refiere al material nuclear utilizado como fuente de calor o de energía. Esa información deberá

transmitirse también al Secretario General de las Naciones Unidas.
2. El Estado de lanzamiento deberá suministrar la información de conformidad con el formato de notificación descrito en el párrafo precedente tan pronto se tenga conocimiento del desperfecto. La información deberá actualizarse con tanta frecuencia como sea posible y la información actualizada deberá difundirse cada vez con mayor frecuencia a medida que se acerque el momento previsto de reingreso en las capas densas de la atmósfera terrestre, de manera que la comunidad internacional esté al corriente de la situación y tenga tiempo suficiente para planificar las actividades que se consideren necesarias en cada país. 3. La información actualizada deberá transmitirse también al Secretario General de las Naciones Unidas con la misma frecuencia.

Principio 6. Consultas

Los Estados que suministren información en virtud del principio 5 responderán prontamente, en la medida de lo posible, a las solicitudes de información adicional o consultas que formulen otros Estados.

Principio 7. Asistencia a los Estados 1.

Tras la notificación del reingreso previsto en la atmósfera terrestre de un objeto espacial portador de una fuente de energía nuclear y sus componentes, todos los Estados que posean instalaciones de vigilancia y de rastreo comunicarán lo más rápidamente posible al Secretario General de las Naciones Unidas y al Estado interesado, de conformidad con el espíritu de cooperación internacional, la información pertinente de que dispongan sobre el funcionamiento defectuoso del objeto espacial portador de una fuente de energía nuclear, a fin de que los Estados que puedan resultar afectados evalúen la situación y tomen las medidas de precaución que consideren necesarias. 2. Después del reingreso en la atmósfera terrestre de un objeto espacial portador de una fuente de energía nuclear y sus componentes:

a) El Estado de lanzamiento ofrecerá inmediatamente y, si así lo solicita el Estado afectado, prestará inmediatamente la asistencia necesaria para eliminar los efectos nocivos efectivos y posibles, incluida asistencia para determinar la ubicación de la zona de impacto de la fuente de energía nuclear en la superficie terrestre, detectar el material que reingrese y realizar operaciones de recuperación y limpieza;

b) Todos los demás Estados que tengan la capacidad técnica pertinente y las organizaciones internacionales que posean esa capacidad técnica proporcionarán, en la medida de lo posible y previa solicitud del Estado afectado, la asistencia necesaria. 58 Cuando se facilite asistencia de conformidad con lo dispuesto en los apartados a) y b) supra, deberán tenerse en cuenta las necesidades especiales de los países en desarrollo.

Principio 8. Responsabilidad

De conformidad con el artículo VI del Tratado sobre los principios que deben regir las actividades de los Estados en la exploración y utilización del espacio ultraterrestre, incluso la Luna y otros cuerpos celestes, los Estados serán responsables internacionalmente de las actividades nacionales que supongan la utilización de fuentes de energía nuclear en el espacio ultraterrestre, realizadas por organismos gubernamentales o entidades no gubernamentales, y deberán asegurar que dichas actividades nacionales se efectúen de conformidad con dicho Tratado y con las recomendaciones contenidas en estos Principios.

Cuando una organización internacional realice en el espacio ultraterrestre actividades que supongan la utilización de fuentes de energía nuclear, la responsabilidad por la observancia de dicho Tratado y de las recomendaciones contenidas en estos Principios corresponderá a esa organización y a los Estados que participen en ella.

Principio 9. Responsabilidad e indemnización

1. De conformidad con el artículo VII del Tratado sobre los principios que deben regir las actividades de los Estados en la exploración y la utilización del espacio ultraterrestre, incluso la Luna y otros cuerpos celestes, y las disposiciones del Convenio sobre la responsabilidad internacional por daños causados por objetos espaciales, cada Estado que lance un objeto espacial, o que gestione su lanzamiento, y cada Estado desde cuyo territorio o desde cuyas instalaciones se lance un objeto espacial, serán internacionalmente responsables por los daños causados por esos objetos espaciales o sus componentes. Esto se aplica plenamente al caso en que tal objeto espacial lleve a bordo una fuente de energía nuclear. Cuando dos o más Estados lancen conjuntamente un objeto espacial, serán responsables solidariamente por los daños causados, de conformidad con el artículo V del mencionado Convenio.

2. La indemnización que estarán obligados a pagar esos Estados por el daño en virtud del mencionado Convenio se determinará conforme al derecho internacional y a los principios de justicia y equidad, a fin de reparar el daño de manera tal que la persona física o jurídica, el Estado o la organización internacional en cuyo

nombre se presente la demanda quede en la misma situación en que habría estado de no haber ocurrido el daño.

3. A los efectos de este principio, la indemnización incluirá el reembolso de los gastos debidamente justificados que se hayan realizado en operaciones de búsqueda, recuperación y limpieza, incluidos los gastos por concepto de asistencia recibida de terceros.

Principio 10. Arreglo de controversias

Las controversias que surjan en relación con la aplicación de los presentes Principios serán resueltas mediante negociaciones u otros procedimientos establecidos para el arreglo pacífico de controversias, de conformidad con la Carta de las Naciones Unidas.

Principio 11. Examen y revisión

Los presentes Principios quedarán abiertos a la revisión por la Comisión sobre Utilización del Espacio Ultraterrestre con Fines Pacíficos a más tardar dos años después de su aprobación. 60 E. Declaración sobre la cooperación internacional en la exploración y utilización del espacio ultraterrestre en beneficio e interés de todos los Estados, teniendo especialmente en cuenta las necesidades de los países en desarrollo La Asamblea General, Habiendo examinado el informe de la Comisión sobre la Utilización del Espacio Ultraterrestre con Fines Pacíficos sobre la labor realizada en su 391 período de sesiones9 y el texto de la Declaración sobre la cooperación internacional en la exploración y utilización del espacio ultraterrestre en beneficio e interés de todos los Estados, teniendo especialmente en cuenta las necesidades de los países en desarrollo, que fue aprobado por la Comisión y figura como anexo de su informe 10, Teniendo presentes las disposiciones pertinentes de la Carta de las Naciones Unidas, Recordando especialmente las disposiciones del Tratado sobre los principios que deben regir las actividades de los Estados en la exploración y utilización del espacio ultraterrestre, incluso la Luna y otros cuerpos celestes1 , Recordando asimismo sus resoluciones pertinentes relativas a las actividades en el espacio ultraterrestre, Teniendo presentes las recomendaciones de la Segunda Conferencia de las Naciones Unidas sobre la Exploración y Utilización del Espacio Ultraterrestre con Fines Pacíficos 11 y de las demás conferencias internacionales pertinentes sobre este tema, Reconociendo el alcance e importancia cada vez mayores de la cooperación internacional entre los Estados y entre los Estados y las organizaciones internacionales en la exploración y utilización del espacio ultraterrestre con fines pacíficos, Teniendo en cuenta la experiencia adquirida en actividades internacionales de cooperación, Convencida de la necesidad y de la importancia de seguir fortaleciendo la cooperación internacional a fin de establecer una colaboración amplia y eficiente en esa esfera en beneficio e interés de todas las partes involucradas, Deseosa de facilitar la aplicación del principio de que la exploración y utilización del espacio ultraterrestre, incluso la Luna y otros cuerpos celestes, deberán realizarse en beneficio e interés de todos los países, sea cual fuere su grado de desarrollo económico y científico, e incumben a toda la humanidad, Documentos Oficiales de la Asamblea General, quincuagésimo primer período de sesiones, Suplemento N° 20 (A/51/20). 10 Ibíd., anexo IV.

11 Véase Informe de la Segunda Conferencia de las Naciones Unidas sobre la Exploración y Utilización del Espacio Ultraterrestre con Fines Pacíficos, Viena, 9 a 21 de agosto de 1982, y correcciones (A/CONF.101/10 y Corr.1 y 2). 61 aprueba la Declaración sobre la cooperación internacional en la exploración y utilización del espacio ultraterrestre en beneficio e interés de todos los Estados, teniendo especialmente en cuenta las necesidades de los países en desarrollo, que figura en el anexo de la presente resolución.

Anexo. Declaración sobre la cooperación internacional en la exploración y utilización del espacio ultraterrestre en beneficio e interés de todos los Estados, teniendo especialmente en cuenta las necesidades de los países en desarrollo

1. La cooperación internacional en la exploración y utilización del espacio ultraterrestre con fines pacíficos (en lo sucesivo

"cooperación internacional") se realizará de conformidad con las disposiciones del derecho internacional, incluidos la Carta de las naciones Unidas y el Tratado sobre los principios que deben regir las actividades de los Estados en la exploración y utilización del espacio ultraterrestre, incluso la Luna y otros cuerpos celestes.

La cooperación internacional se realizará en beneficio e interés de todos los Estados, sea cual fuere su grado de desarrollo económico, social, científico o técnico, e incumbirá a toda la humanidad. Deberán tenerse en cuenta especialmente las necesidades de los países en desarrollo.

2. Los Estados pueden determinar libremente todos los aspectos de su participación en la cooperación internacional en la exploración y utilización del espacio ultraterrestre sobre una base equitativa y mutuamente aceptable. Los aspectos contractuales de esas actividades de cooperación deben ser equitativos y razonables, y deben respetar plenamente los derechos e intereses legítimos de las partes interesadas, como, por ejemplo, los derechos de propiedad intelectual.

Todos los Estados, en particular los que tienen la capacidad espacial necesaria y programas de exploración y utilización del espacio ultraterrestre, deben contribuir a promover y fomentar la cooperación internacional sobre una base equitativa y mutuamente aceptable. En este contexto, se debe prestar especial atención a los beneficios y los intereses de los países en desarrollo y los países con programas espaciales incipientes o derivados de la cooperación internacional con países con capacidad espacial más avanzada.

La cooperación internacional se debe llevar a cabo según las modalidades que los países interesados consideren más eficaces y adecuadas, incluidas, entre otras, la cooperación gubernamental y no gubernamental; comercial y no comercial; mundial, multilateral, regional o bilateral; y la cooperación internacional entre países de distintos niveles de desarrollo. La cooperación internacional, en la que se deben tener especialmente en cuenta las necesidades de los países en desarrollo, debe tener por objeto la consecución de, entre otros, los siguientes objetivos, habida cuenta de la necesidad de asistencia técnica y de asignación racional y eficiente de recursos financieros y técnicos:

a) Promover el desarrollo de la ciencia y la tecnología espaciales y de sus aplicaciones;

b) Fomentar el desarrollo de una capacidad espacial pertinente y suficiente en los Estados interesados; 62

c) Facilitar el intercambio de conocimientos y tecnología entre los Estados, sobre una base mutuamente aceptable.

6. Los organismos nacionales e internacionales, las instituciones de investigación, las organizaciones de ayuda para el desarrollo, los

países desarrollados y los países en desarrollo deben considerar la utilización adecuada de las aplicaciones de la tecnología espacial y las posibilidades que ofrece la cooperación internacional para el logro de sus objetivos de desarrollo. Se debe fortalecer la Comisión sobre la Utilización del Espacio Ultraterrestre con Fines Pacíficos en su función, entre otras, de foro para el intercambio de información sobre las actividades nacionales e internacionales en la esfera de la cooperación internacional en la exploración y utilización del espacio ultraterrestre. 8. Se debe alentar a todos los Estados a que contribuyan al programa de las Naciones Unidas de aplicaciones de la tecnología espacial y a otras iniciativas en la esfera de la cooperación internacional de conformidad con su capacidad espacial y su participación en la exploración y utilización del espacio ultraterrestre.

Oficina de Asuntos del Espacio Ultraterrestre Centro Internacional de Viena A.P. 500, A-1400 Viena, Austria Teléfono: +(43) (1) 26060-4950 Fax.

ANEXO 2.

GLOSARIO DDE TERMINOS.

Agencias espaciales.

Son los organismos, nacionales e internacionales, encargados de desarrollar y gestionar los distintos programas espaciales. Aunque sobre el papel son muchas -todo país que se precie cuenta con una de ellas-, en la práctica el número de agencias espaciales realmente importantes se reduce a unas pocas. La más conocida de todas ellas es sin duda la norteamericana NASA, pero también es preciso recordar a la Agencia Espacial Europea ESA, de la cual es España miembro), la rusa Rosaviakosakosmos la japonesa JAKA, la china CNSA o la india ISRO. La agencia espacial española es e lINTA que además de desarrollar programas propios mantiene acuerdos de colaboración con la NASA y la ESA.

Apolo-Soyuz.

Misión espacial conjunta norteamericano-soviética, la primera de la historia y la única durante mucho tiempo, hasta las visitas del transbordador espacial a la estación espacial MIR o la posterior cooperación internacional en la construcción de la Estación Espacial Internacional En realidad, esta misión estuvo motivada por razones exclusivamente políticas (se estaba intentando enterrar la Guerra Fría), aunque sirvió para ensayar un sistema de acoplamiento entre las cápsulas norteamericanas y soviéticas que podría haber sido útil en el caso de plantearse un rescate de emergencia de los astronautas uno u otro país.

Actividades de teleobservación.

Se entiende la explotación de sistemas espaciales de teleobservación, de estaciones de recepción y archivo de datos primarios y las actividades de elaboración, interpretación y difusión de datos elaborados. Principio II Las actividades de teleobservación se realizarán en provecho e interés de todos los países, sea cual fuere su grado de desarrollo económico, social o científico y tecnológico y teniendo especialmente en cuenta.

Alunizar.

Término completamente impropio, aunque sumamente popular -y lo que es peor, admitido en el Diccionario de la RAE-, para describir el aterrizaje de un vehículo en nuestro satélite. Aterrizar, que es la palabra correcta, significa *tomar tierra,* es decir, descender sobre una superficie sólida, no necesariamente perteneciente a la Tierra.

Amerizar.

Según el diccionario de la Real Academia Española amerizar significa posarse en el mar. Referido inicialmente a los hidroaviones, el término fue también extendido posteriormente a los aparatos astronáuticos, abarcando también esta definición a cualquier otra superficie acuática como un lago, un embalse o un río, si éste es lo suficientemente ancho. En el caso que nos ocupa, el de los vehículos espaciales, la opción del amerizaje fue la elegida por la NASA para el retorno de las capsulas tripuladas de los proyectos Mercury, Gemini y Apolo a_diferencia de los soviéticos que optaron desde un principio por el descenso en tierra firme. Con el inicio de los vuelos del transbordador espáciala al aterrizar éste como un avión, los norteamericanos abandonaron los amerizajes, aunque al parecer todavía no está claro será el sistema de retorno de las futuras cápsulas del Proyecto Constelación.

Astronauta.

Nombre con el que se denomina en occidente, en contraposición al de cosmonauta utilizado por los rusos, a los navegantes espaciales.

Astronáutica.

La definición que da el diccionario de la Real Academia de la astronáutica es la siguiente: *Ciencia o técnica de navegar más allá de la atmósfera terrestre*. En cuanto a su etimología, corresponde a la unión de dos términos de origen griego: *Astro* -estrella- y *Náutica* -arte de navegar-. Así pues, una definición más literaria del término sería la de *Arte de navegar por las estrellas...* aunque ciertamente todavía queda mucho para ello, por lo que habría que reformularlo como *Arte de navegar por el espacio*, entendiendo que el radio de acción actual de la astronáutica no excede de las distintas regiones del Sistema Solar, tanto el espacio que comprende éste como los distintos astros que lo pueblan.

Basura espacial.

O chatarra espacial. Se denomina así a todos los objetos inútiles procedentes de antiguos lanzamientos -fases de cohetes lanzadores, satélites *muertos*, etc.- que se han ido acumulando en órbita alrededor de la Tierra sin caer a la atmósfera de ésta, los cuales pueden llegar a representar un peligro en caso de colisión con un vehículo tripulado, una estación espacial o un satélite artificial.

Bases espaciales.

Son las instalaciones desde las que tienen lugar los lanzamientos de los vehículos espaciales. En occidente se les suele llamar bases de lanzamiento, mientras los rusos prefieren utilizar el término cosmódromo. La base espacial de la NASA más conocida es la de Cabo Kennedy, , Cabo Cañaveral situada en la península de Florida, aunque también existen otras como las de Vanderberg y Edwards en California; las de América y White Sands, en Nuevo México; la de Kodiak en Alaska, y la de Wallons en la costa este de Virginia. La base de Mojave situada en el desierto californiano de este nombre, ha sido la elegida por sendas compañías privadas para operar desde ella con sus proyectos de turismo espacial, el Space ShinshinTwo y el Lynx respectivamente. La base espacial europea radica en Toaron en la Guayana francesa, sobre la costa caribeña del subcontinente suramericano, y no muy alejada de ella está la brasileña de Alcántara . En Australia meridional se encuentra la base de Womera que con extensión equivalente a la cuarta parte de España es la de mayor tamaño del mundo. La soviética, y desde 1991 kazaka, es la de Baikonur rubricada en las despobladas estepas del Asia Central. Aunque todavía sigue siendo utilizado por los rusos, el hecho de que Baikonur pertenezca ahora a un país extranjero, Kazajstán, ha hecho que el gobierno del Kremlin buscara otras alternativas en su propio territorio, los cosmódromos , a 800 kilómetros al norte de Moscú, y de Kanustin Yar al sur del país, entre Volgogrado y Astracán, ambos antiguas bases de misiles intercontinentales.

Cabo Cañaveral.

Principal base espacial norteamericana, llamada así por estar ubicada en el paraje de igual nombre, un estrecho promontorio que se adentra en el mar en la costa atlántica del estado de Florida. Este lugar fue elegido por sus especiales características geográficas: debido a la rotación de la Tierra los lanzamientos siempre se realizan en dirección este, es decir, sobre el mar, lo cual minimiza cualquier posible riesgo de accidente sobre zonas pobladas. Asimismo, su baja latitud, cercana al trópico de Cáncer, es favorable para los lanzamientos, en especial aquellos que, como ocurre con las órbitas geoestacionarias   tienen por destino el plano ecuatorial de nuestro planeta. Curiosamente Florida, por ser el territorio continental norteamericano más cercano al ecuador, fue el lugar elegido por Julio Verne para el emplazamiento del cañón gigantesco que envía a la Luna a los protagonistas de su famosa novela *De la Terra a la Luna*. Cabo Cañaveral fue inaugurado en julio de 1950 como base de lanzamiento de Cohetes V-2 modificados, y desde entonces gran parte de los vehículos espaciales norteamericanos, incluyendo las misiones Apolo o los vuelos de transbordador espacial le han tenido su origen allí. En 1964 toda la zona, incluyendo la vecina ciudad homónima, fue rebautizada como Cabo Kennedy en homenaje al presidente norteamericano asesinado el año anterior, gran impulsor de la astronáutica, pero en 1974, y ante las peticiones de los habitantes de la zona que deseaban recuperar el nombre tradicional, con cuatro siglos de antigüedad, se rescató éste reservando el nombre de Cabo Kennedy tan sólo para la base espacial.

Cohete sonda.

Generalmente de pequeño tamaño, diseñado para llevar instrumental científicas hasta las capas altas de la atmósfera -caso de los cohetes meteorológicos o bien hasta el espacio cercano, hasta unos pocos centenares de kilómetros de altitud, siempre con trayectorias balísticas sin llegar a entrar en órbit . Se trata de misiones breves, como mucho de media hora

CCNSA

Siglas del término (en inglés) *China National Space Administttation.* Administración espacial nacional china, organismo equivalente a la NASA_norteamericana o a la ESA europea. La Agencia se creó en 1993 por escisión del anterior Ministerio de Industria Aeroespacial, segregándose de la Agencia Aeroespacial *China Aerospace Corporation* (CASC) responsable de la construcción de los vehículos espaciales chinos, mientras la CNSA se encarga de la organización y gestión de las misiones espaciales.

Centro Gagarin.

Centro de entrenamiento de los cosmonautas soviéticos, inaugurado en 1960 en el recinto de la ciudad de las Estrellas a raíz de la muerte en accidente de Yuri Gagarin, ocurrida en 1968, el centro fue bautizado con el nombre de este cosmonauta, el primer ser humano que salió al espacio. Aunque durante los años de la Guerra Fría estuvo cerrado salvo para los cosmonautas del bloque soviético, actualmente reciben entrenamiento en él no sólo los cosmonautas rusos, sino también los astronautas de otros países participantes en los proyectos internacionales de exploración del espacio.

Capsula espacial.

Habitáculo del que están provistos la mayor parte de los vehículos espaciales tripulados, excepto los transbordadores diseñado específicamente para alojar a la tripulación. Habitualmente la cápsula suele ser la única parte del vehículo que retorna a la Tierra, ya que el resto del mismo -suele tratarse de cohetes por etapas- va siendo desechado por el camino. Las primeras cápsulas espaciales, tanto norteamericana Mercury como rusas Vostok - eran de un diseño de reducidas dimensiones, con objeto de reducir su peso, y tan sólo eran capaces de contener a un único ocupante. Con el tiempo los astronautas y cosmonautas fueron ganando en comodidad y las cápsulas se hicieron mayores, con capacidad para dos o tres tripulantes, pero los vuelos en ellas distarían mucho de poder ser considerados confortables para el cómo Proyecto Apolo n de la población, sobre todo si se trataba de misiones de varios días como las de donde por cierto la cápsula era denominada módulo de mando   A raíz de la construcción del transbordador espacial la NASA dejó de utilizar cápsulas espaciales para sus vuelos tripulados a diferencia de la agencia espacial rusa que sigue confiando en las veteranas, pero fiables, cápsulas Soyuz Últimamente los chinos también se han sumado al reducido número de países constructores de cápsulas espaciales, tras el lanzamiento exitoso de la .Shenzhou El momento más crítico en el vuelo de una cápsula espacial suele ser su retorno a la Tierra, ya que tiene que estar protegida del rozamiento atmosférico durante la reentrada y ha de ser capaz de aterrizar, o amerizar, de forma lo suficientemente suave para que sus ocupantes no corran peligro. Lo primero se consigue gracias a unos escudos refractarios de los que van provistas en su base, mientras lo segundo se realiza con paracaídas.

Centro espacial Houston.

Centro espacial de la NASA llamado oficialmente *Centro espacial Johnson* en homenaje a Lyndon B. Johnson, presidente norteamericano durante la inauguración del mismo en 1963. Está ubicado en la ciudad de Houston, en Texas, y es conocido mundialmente por albergar el centro de control de los vuelos tripulados de la NASA. También cuenta con un centro de entrenamiento astronautas, así como con un museo astronáutico donde se exhiben algunos de los más famosos vehículos espaciales norteamericanos.

Cita espacial.

Se denomina así a la reunión de dos vehículos espaciales en órbita. La primera cita espacial de la historia tuvo lugar, el 12 de agosto de 1962, entre las capsulas soviéticas Vostok 3 y *Vostok 4*, aunque ésta tan sólo se limitó a un acercamiento entre ambas a varios kilómetros de distancia, es decir, con avistamiento visual. Puesto que estas cápsulas carecían de capacidad de maniobra, no estaba previsto un acercamiento mayor. Casi un año más tarde, el 16 de junio de 1963, los rusos realizarían una maniobra similar entre las cápsulas *Vostok 5* y *Vostok 6*.

Carrera espacial.

Se denomina a la pugna que mantuvieron los Estados Unidos y la Unión Soviética, dentro del marco de la guerra fría, por coronar con éxito distintas metas astronáuticas antes que su rival, con el objetivo final de ser los primeros en poner el pie en la Luna.

Columbia.

Primero de los transbordadores espaciales operativos (su antecesor Enterprise   fue solamente un prototipo) construidos por la NASA . Su primer vuelo tuvo lugar en abril de 1981, y en 1999 fue sometido a una profunda modernización con objeto de alargar su vida operativa. Después de 22 años de servicio durante los cuales realizó con éxito 27 misiones, se desintegró en la atmósfera el 1 de febrero de 2003, al retornar de su vigésimo octava misión, sumándose así a la lista de bajas abierta diecisiete años antes con la catástrofe del Chalelenger. Sus siete tripulantes fallecieron en el acto.

Columbus

Laboratorio espacial europeo, uno de los módulos integrantes de la Estación Espacial Internacional   Pese a que su programa fue aprobado por Esa en 1985, su construcción, iniciada en 1989, se demoró varios años debido a las restricciones presupuestarias y a las revisiones del mismo, no quedando listo para su lanzamiento hasta mayo de 2006, fecha en la que fue trasladado a Cabo Cañaveral   La paralización de los vuelos del transbordador especial tras el accidente del Columbia en 2003 retrasó su lanzamiento hasta diciembre de 2007, y problemas en los tanques de combustible del Atlantis provocaron su cancelación en dos ocasiones, hasta que finalmente éste pudo ser efectuado el 7 de febrero de 2008. Seis días más tarde, el 13 de febrero de 2008, se acoplaba con éxito a la Estación Espacial Internacional.

Charles Conrad.

Astronauta norteamericano nacido en 1930 y fallecido en accidente de tráfico en 1999. Piloto de pruebas militar, en septiembre de 1962 fue seleccionado por la NASA formando parte del segundo grupo de astronautas de esta agencia espacial. Realizó un total de cuatro misiones: dos de Proyecto Géminis 1 (*Gemini 5*, en 1965, como piloto y *Gemini 1*, en 1966, como comandante), una del Proyecto Apolo 1 (fue comandante de la *Apolo 12*, convirtiéndose en el tercer hombre que pisó la Luna en noviembre de 1969) y una cuarta en 1973, también como comandante, en e Skaaylab 2l. Ese mismo año se retiró de la NASA y de la Marina norteamericana, dedicándose a diversas actividades profesionales en el sector privado.

Cosmos.

Larga y heterogénea serie de satélites artificiales soviéticos -en realidad se trataba de una denominación genérica que englobaba equipos muy dispares, agrupados en hasta seis categorías diferentes- dedicado a militares muy diversos fines: geofísica, reconocimiento, de los recursos terrestres, usos militares incluyendo la intercepción y destrucción de otros satélites .Al lanzamiento del *Cosmos 1*, el 16 de marzo de 1962, le siguieron centenares de satélites de la misma serie, aunque debido a su heterogeneidad y al hecho de que también fueron llamados así satélites de otros proyectos, sondas espaciales e incluso prototipos decapsulas espaciales en vuelos de personas espaciales no tripulados, resulta muy difícil determinar su número, que según algunas fuentes alcanzaría los 783 y según otras rondaría los 1.000, dándose asimismo varias fechas para el cierre del programa, a lo largo de los años setenta.

Cohete

Una definición aplicable tanto a los cohetes usados en los fuegos artificiales como a los lanzadores que llevaron al hombre a la Luna, es la de un artilugio en el cual una substancia proyecta sus gases de combustión por un extremo para impulsar el cohete hacia delante (o hacia arriba).

Cosmódromo.

Nombre que reciben las bases espaciales soviéticas, primero, y rusas después. El cosmódromo más conocido es el de Baikour e, actualmente en territorio de Kazajstán, aunque también existen en territorio ruso los de Pleesetsk, a 800 kilómetros al norte de Moscú; Kanustin Yar , al sur del país, entre Volgogrado y Astracán,Syobodny en el sureste de Siberia, y Yasny al sur de los Urales junto a la frontera de Kazajstán.

Cosmos 1

Proyecto conjunto ruso-norteamericano, auspiciado por la Sociedad Planetaria cuyo objeto era ensayar la viabilidad de las velas solares como medio de impulsión de los vehículos espaciales. Se trata de un satélite de unos 100 kilos de peso provisto de ocho velas triangulares de 15 metros de longitud, que se despliegan como los pétalos de una flor en torno al cuerpo central, formando un espejo colector de unos 750 metros cuadrados de superficie total. Estas velas son móviles, de forma que puedan orientarse para recibir el máximo de radiación solar.

Columbia.

Nombre con el que se bautizó al módulo de mando (la cápsula donde se alojaban los tripulantes del Proyecto Apolo y único componente lanzado al espacio que retornaba a la Tierra) del *Apolo 11*, el primero de los vuelos que puso al hombre en la Luna en julio de 1969. Mientras el *Columbia*, acoplado al módulo de servicio (la última etapa del cohete Saturno V), quedaba en órbita alrededor de la Luna con Michael Collins a bordo, el modulo lunar bautizado con el nombre de Eagle (Águila), descendió a la superficie de nuestro satélite tripulado por Neil Armstrong y Edwin Aldrin.

Cosmonauta.

Nombre que recibían los astronautas soviéticos, actualmente

aplicado a los rusos. Deriva de los términos griegos *Cosmos* -universo- y *Nauta*, navegante.

Cúpula.

Módulo de la Estación Espacial Internacional propiedad de la ESA. Se trata de un observatorio presurizado que podrá ser utilizado también como torre de control, al disponer de unos amplios ventanales desde los que se podrá vigilar el exterior de la estación, o bien realizar observaciones de la Tierra. También contendrá diversos equipamientos que ayudarán a realizar tareas de mantenimiento, incluidos los paseos espaciales. Aunque la *Cúpula* ya llevaba algún tiempo construida, su lanzamiento se retrasó hasta febrero de 2010.

Daño.

Es la pérdida de vidas humanas, las lesiones corporales u otros perjuicios a la salud, así como la pérdida de bienes o los perjuicios causados a bienes de Estados o de personas físicas o morales, o de organizaciones internacionales intergubernamentales

Datos primarios.

Se entiende los datos brutos recogidos mediante equipos de teleobservación transportados en un objeto espacial y que se transmiten o se hacen llegar al suelo desde el espacio por telemetría, en forma de señales electromagnéticas, mediante película fotográfica, cinta magnética, o por cualquier otro medio.

Datos elaborados.

Se entiende los productos resultantes de la elaboración de los datos primarios necesaria para hacer utilizables esos datos.

Estado de lanzamiento.

Un Estado que lance o promueva el lanzamiento de un objeto espacial/ Un Estado desde cuyo territorio o desde cuyas instalaciones se lance un objeto espacial.

Estado de registro.

Un Estado de lanzamiento en cuyo registro se inscriba un objeto espacial

Challenger.

Segundo de lo transbordadores espaciales de la NASA construido tras el Columbia. Su primer vuelo tuvo lugar en abril de 1983, y en el transcurso de su décima misión se desintegró el 28 de enero de 1986, instantes después de su lanzamiento, a causa de una fuga en uno de los cohetes laterales de combustible sólido, provocando la muerte de sus siete tripulantes En 1992 sería reemplazado por su gemelo Endeavourd .Entre las nueve misiones que realizó con anterioridad al accidente destacan tres del programa Spacelab Su nombre -literalmente *Retador*- era un homenaje a la corbeta británica *HMS Challenger*, un buque oceanográfico que entre 1872 y 1876 realizó tareas de investigación de la fauna marina y de los fondos oceánicos recorriendo la mayor parte de los océanos del planeta. También ostentó este nombre el módulo lunar del *Apolo 17*, último de los vehículos del Proyecto.

Discoverer

En español, *Descubridor*. Programa de tecnología espacial norteamericano, en el cual se ensayó con éxito un sistema utilizado por los satélites espía Corona -cuyos primeros lanzamientos fueron camuflados bajo la cobertura de este programa- consistente en enviar a la Tierra unas cápsulas especiales, provistas de paracaídas, conteniendo las películas fotográficas impresionadas por las cámaras de que iban provistos estos satélites. El primer lanzamiento de un *Discoverer*, fallido, tuvo lugar el 21 de enero de 1959, El último, de una serie de 40, lo fue en abril de 1962, aunque el programa continuó, con otros nombres diferentes, hasta mayo de 1972, alcanzando en su conjunto cerca de 150 misiones.

Denominaciones astronáuticas.

Al igual que ocurre con los cuerpos celestes, las denominaciones astronáuticas tienen un origen variado y, en ocasiones, pintoresco. Una buena parte de los objetos lanzados al espacio por los norteamericanos (cohetes impulsores, satélites artificiales, sondas y capsulas tripuladas adoptaron nombres mitológicos o astronómicos: Thor, Titán, Atlas, Saturno V, Mercurio, Géminis, Apolo, Ulises

Desastre de Nedelin

O *Catástrofe de Nedelin*. Ocurrido el 24 de octubre de 1960 en la base espacial de Balkonur éste ha sido el accidente más grave de la historia de la astronáutica, ocurrido durante el ensayo del lanzamiento nuevo misil balístico intercontinental R-1desarrolladpor por el ingeniero Mijaíl Yangel .A consecuencia de la violenta explosión fallecieron un total de ciento veintidós personas, entre ellos el mariscal Mitrofan Nedelin, responsable de los ensayos, razón a la que debe su nombre. A pesar de su extrema gravedad fue mantenido en secreto por las autoridades soviéticas, no desclasificándose hasta 1990.

Eagle.

Nombre -*Águila* en español- con el que fue bautizado el módulo lunar de la misión Apolo 11.

Estación espacial

Una estación espacial es una instalación orbital capaz de alojar a varios tripulantes de forma continuada o indefinida, a diferencia de los vuelos espaciales en los que la misión suele tener una duración de tan sólo unos pocos días. Por esta razón, a diferencia de las minúsculas capsulas espaciales tiene que cumplir las condiciones necesarias para alojar a sus ocupantes durante períodos largos de tiempo protegiéndoles de las inhóspitas condiciones ambientales del espacio, incluyendo alimentos, agua, oxígeno y un espacio vital lo suficientemente amplio. Otro problema importante es el de la salud de los astronautas, siendo los principales peligros la radiación cósmica y la ausencia de gravedad, esta última responsable de severas secuelas físicas si no es mantenida bajo control.

Explorer

Nombre con el que fueron bautizados un numeroso grupo de satélites artificiales   norteamericanos (al menos 59) lanzados al espacio entre 1958 y 1981. En realidad no se trata, como ocurre con otros vehículos, de un programa específico, sino tan sólo de un calificativo común para un conjunto heterogéneo de vehículos cuyo único nexo, además del nombre, fue el hecho de desarrollar diferentes misiones científicas. El primer *Explorer* fue lanzado en enero de 1958 por la Armada norteamericana y tuvo como misión estudiar la radiación de los cinturones de Van Allen. Los lanzamientos de varios *Explorer*, como el número 2 ó el número 5 resultaron fallidos, mientras otros realizaron investigaciones sobre la magnetosfera, los micro meteoritos, la ionosfera, el campo magnético terrestre, los rayos gamma y rayos X procedentes del espacio, el viento solar o la radiación cósmica. Aunque el *Explorer*

59 fue lanzado en octubre de 1981, la mayor parte de la serie desarrolló su actividad a lo largo de los años 60.

Endeavour

Nombre del quinto y más moderno de lo transbordadores espaciales de la NASA , bautizado así en homenaje al buque en el que el capitán James Cook realizó, entre 1768 y 1771, el primero de sus tres famosos viajes de exploración por el Pacífico Sur. El *Endeavour* no formaba parte de la flota inicial construida entre 1981 y 1985, constituida por el Columbia, el Challenger, el Discovery y el Atlantis pero tras el accidente del *Challenger* en 1986 se decidió su construcción para reemplazarlo, aprovechándose las piezas de repuesto que habían sobrado de sus antecesores. Tras efectuar su primer vuelo en 1992 el *Endeavour* realizó un total de 25 misiones, entre las que se cuentan operaciones de mantenimiento del telescopio espacial Hubble, varios vuelos a la stacion Espacial Internacional l incluyendo el transporte de varios módulos de la misma, misiones del laboratorio espacial Spacelab o puesta en órbita de satélites Su última misión, consistente en el transporte a la Estación Espacial Internacional de instrumental científico el Espectrómetro Magnético Alnha -el - y suministros para los tripulantes de la Estación Espacial, tuvo lugar entre el 16 de mayo y el 1 de junio de 2011, tras lo cual fue retirado del servicio estando previsto su traslado a California Apolo 15 que aterrizó en la Luna en julio de 1971.

Estación Espacial Internacional.

Todavía en fase de montaje, será cuando esté terminada el mayor objeto puesto en órbita, superando. Constituida por un conjunto de módulos ensamblados en una estructura única, sus dimensiones rebasarán cuando esté terminada los 100 metros de largo y los 70 de ancho, con un peso total de más de 400 toneladas. Orbita a 390 kilómetros de altura con 51,6 grados de inclinación sobre el ecuador, dando una vuelta a la Tierra cada 90 minutos. Su capacidad es de 7 tripulantes, y en ella participan un total de 17 países, entre ellos España.

Freedom

Nombre -*Libertad* en español- con el que se bautizó en 1984 al proyecto de construcción de una estación espacial, por la NASA. Sin embargo, apenas dos años más tarde el accidente del Challenger y los recortes presupuestarios provocaron la congelación del proyecto, que fue reemplazado en 1993 en el cual se refundieron los cancelados *Freedom* norteamericano y *Mir 2* ruso, junto con las colaboraciones de otros países como Europa, Japón o Canadá.

Galaxy

Prototipo, inicialmente conocido como *Guardian*, Fue diseñado por la compañía norteamericana Bigelow Aerospace como segunda fase de su proyecto de hotel espacial tras las dos misiones Genesis y era asimismo un prototipo no trpulado, a mayor escala que sus predecesores, antes del definitivo móduloBA3-Familia de satélites de comunicaciones, una de las primeras que ocuparon orbitas geoestacionarias Gestionados inicialmente por la compañía norteamericana Pan AMSAT PanAmSat, en 2006 pasaron a ser propiedad de Intelsat tras la absorción por ésta de la misma. El primero de la serie fue lanzado en junio de 1983 y el último, el *Galaxy 19*, en 2008, aunque su numeración es confusa y no se corresponde con la secuencia cronológica de los lanzamientos, habiendo sido además rebautizados varios de ellos. Actualmente se encuentran operativos aproximadamente la mitad. En abril de 2010 el *Galaxy 15*, lanzado cinco años antes, saltó a los medios de comunicación tras comunicar sus propietarios que habían perdido el control del mismo, lo que le valió el calificativo de *satélite zombi*. Finalmente, a principios de 2011, el satélite fue contactado de nuevo y recolocado en su órbita original en abril de ese mismo año.

Guerra de las Galaxias.

Denominación popular -en inglés *Star Par-*, tomada de la serie de películas homónima, de la oficialmente denominada *Strategic Defense Iniciativa* o *SDI*, *Iniciativa de Defensa Estratégica* en español, el megalómano proyecto fomentado por el presidente norteamericano Ronald Reagan que pretendía llevar la Guerra Fría hasta el espacio. Propuesta en marzo de 1983, se trataba básicamente de la construcción de un sistema defensivo orbital, a modo de escudo, capaz de interceptar a los misiles nucleares que pudieran ser lanzados contra los Estados Unidos, supuestamente desde la Unión Soviética. En realidad el proyecto tenía mucho de ciencia ficción, lo que no evitó las airadas protestas de los soviéticos que intentaron responder con su propio plan, cancelado a finales de los años ochenta tras el fracaso del prototipo Polaris.

Hábitat espacial.

Se entiende por hábitat espacial una instalación situada más allá de la atmósfera de nuestro planeta capaz de ser habitada de forma indefinida, lo que supone ir un paso más allá de las actuales estaciones espaciales   Aunque hasta el momento todavía no se ha construido ninguno, son varios los proyectos que se han esbozado, fuera por supuesto del amplio interés que han demostrado por los mismos los escritores de ciencia ficción

Insat

Familia de satélites espaciales que constituyen el llamado *Indian National Satellite System*, es decir, el *Sistema nacional de satélites de la India*. Hasta el momento han sido lanzados un total de veinticuatro, el primero en abril de 1982 y el último, por ahora, en 2012, de los cuales diez están actualmente operativos. Algunos de ellos tienen esta denominación genérica seguida de un ordinal que los identifica, mientras otros cuentan con nombres propios

Información analizada.

Se entiende la información resultante de la interpretación de los datos elaborados, otros datos básicos e información procedente de otras fuentes.

JAXA.

Siglas del término (en inglés) *Japan Aerospace Exploration Agency*, Agencia japonesa de exploración aeroespacial, organismo equivalente a la NASA_norteamericana o a la ESA europea. La JAXA fue creada en octubre de 2003 por fusión de varios organismos anteriores, y desde entonces ha desarrollado varios proyectos tales como la construcción de cohetes lanzadores, puesta en órbita de satélites en el lanzamiento de la sonda espacial Hayabus o la construcción del laboratorio Kibo la contribución japonesa a la Estación Espacial Internacional del cual por el momento tan sólo han sido ensamblados parte de sus módulos. Todas sus instalaciones están ubicadas en territorio japonés, siendo la principal de ellas el Centro Espacial deTsukuba, situado al noreste de Tokio. La base espacial está ubicada en la isla de Tanegashima, al sur del archipiélago.

Laika.

El nombre de esta perra figura en los anales de la astronáutica por haber sido el primer ser vivo puesto en órbita alrededor de nuestro planeta, aunque anteriormente algunos animales habían sido lanzados en vuelos suborbitales a bordo cohetes experimentales. El vuelo de Laika tuvo lugar el 3 de noviembre de 1957 a bordo del Sputnik 2 el segundo satélite artificial lanzado por los soviéticos un mes después de su histórico homónimo. Aunque con este lanzamiento se pretendía confirmar la posibilidad de supervivencia de los seres vivos en el espacio, como paso previo a los vuelos tripulados por humanos, no estaba previsto que Laika volviera a la Tierra, aunque sí que sobreviviera durante el vuelo. El experimento resultó un éxito, y las autoridades soviéticas emitieron un comunicado oficial según el cual la perrita comió y respiró satisfactoriamente durante varios días, aunque sin dar detalles sobre las circunstancias y el momento exacto de su muerte.

Laboratorio espacial.

Como su nombre indica, un laboratorio espacial es una instalación ubicada en el espacio desde la que es posible realizar experimentos científicos en unas condiciones (en especial en ausencia de gravedad) imposibles de reproducir en la Tierra. Obviamente un laboratorio espacial debe reunir dos requisitos, encontrarse fuera de nuestro planeta y ser capaz de albergar los instrumentos necesarios y, en su caso, también a los científicos responsables de su manejo.

Modulo orbital.

Componente de las capsulas espaciales soviéticas y rusas, equivalente al módulo de mando de las norteamericanas, una vez terminada la misión, descendiendo a la Tierra.

Módulo de mando

Su forma era cónica al tratarse del extremo superior de Saturno V para atravesar mejor las capas atmosféricas durante el lanzamiento, y su base estaba protegida con un escudo térmico para evitar su destrucción por el rozamiento con la atmósfera durante el descenso a la Tierra. Asimismo durante el despegue llevaba acoplada una torre de salvamento para casos de emergencia, que nunca llegó a ser usada y que se desprendía una vez concluido éste. Contaba también con unos paracaídas que se desplegaban durante el descenso para hacer más suave el amerizaje.

Objeto espacial.

Denotará también las partes componentes de un objeto espacial, así como el vehículo propulsor y sus partes.

Principio general de defensa en profundidad.

Aplicada a fuentes de energía nuclear en el espacio ultraterrestre, se refiere al uso de características de diseño y funcionamiento en la misión que sustituyan a los sistemas activos o se añadan a ellos para impedir desperfectos de los sistemas o mitigar sus consecuencias necesidades de los países.

Proyecto Apolo.

Programa espacial norteamericano, sin duda el más famoso de toda la historia de la astronáutica debido a que fue el primero, y hasta ahora el único, que llevó a seres humanos hacia otro astro, la Luna. En realidad, el *Proyecto Apolo* no fue sino el último eslabón de la carrera espacial, la pugna entre norteamericanos y soviéticos que, pese a tener unos móviles estrictamente políticos, sirvió para que la todavía incipiente tecnología astronáutica diera un salto de gigante en poco más de cien años. Precedido por los proyectos Mercury y Gemini el móvil del *Proyecto Apolo* no era otro que el de poner un pie en la Luna, algo que se conseguiría con el *Apolo 11* el 20 de julio de 1969.

Proyecto Gemini

Mientras el Proyecto Mercury tuvo por objeto poner en órbita una capsula tripulada, el posterior *Proyecto Gemini* se desarrolló como un ensayo general para el futuro Proyecto Apolo que tenía como misión llevar al hombre a la Luna. Las cápsulas *Gemini* eran biplaza, y fueron puestas en órbita por un cohete n lanzador Titán II. En total fueron doce las*Gemini* lanzadas entre 1964 y 1966, pero solamente las diez últimas fueron tripuladas. La primera de ellas, la *Gemini 3*, llevó al espacio, en marzo de 1965, a los astronautas norteamericanos Virgil Grissom y John W. Young

Proyecto Mercury.

Primer proyecto norteamericano de viajes espaciales tripulados, precedente de los proyectos Géminis y Apolo Su inicio tuvo lugar en 1958, un año después del lanzamiento del Sputnick pero su primer vuelo tripulado tuvo que esperar hasta el 5 de mayo de 1961, fecha en la que el primer astronauta a norteamericano, Alan

Shepard , realizó a bordo de la capsula Mercury   *3* un modesto vuelo de tan sólo quince minutos de duración, apenas un mes después del histórico vuelo dl cosmonauta Yuri Gagarin .Previamente habían tenido lugar alrededor de nueve ensayos a los que sucedieron, entre noviembre de 1960 y marzo de 1961, cuatro lanzamientos de prueba no tripulados, el tercero de los cuales transportó en enero de ese mismo año al chimpancéHam   Pese a que el vuelo de Shepard fue numerado con el ordinal 3, en realidad fue el quinto sin contar los ensayos previos.

Programa Discovery.

Programa de sondas espaciales   de la NASA basado en la idea de desarrollar misiones baratas y muy específicas, pero no por ello menos productivas que las costosas misiones anteriores. Se trata, en definitiva, de buscar una mayor flexibilidad en el desarrollo de las mismas, aplicando la máxima de Daniel S. Goldin, presidente de la agencia espacial norteamericana, de "*más rápido, más barato, más eficiente*", estando fijado el tiempo máximo de desarrollo de la misión en 36 meses. Asimismo, se busca la colaboración con otros organismos y entidades, tanto públicos como privados

Sergei Korolev.

O Koroliov, según otras fuentes, dependiendo de la transcripción fonética que se realice desde el alfabeto cirílico al latino. Durante muchos años, y a diferencia del caso norteamericano, el responsable del programa espacial soviético fue un absoluto desconocido para el mundo occidental, dado que su identidad era considerada por los responsables del gobierno ruso como un secreto de estado. No fue hasta la desaparición de la URSS y la apertura de sus archivos cuando se pudo conocer al equivalente soviético de Werner von Braun así como los detalles de su vida que, en muchas facetas, nada tuvo que envidiar a las de los personajes imaginarios de las novelas de espionaje ambientadas en la Guerra Fría.

Scott Carpenter.

Astronauta norteamericano nacido en 1925 y fallecido en 2013. Formó parte del primer grupo de astronautas seleccionados por la NASA en abril de 1959 para el Proyecto Mercury viajando al espacio, el 24 de mayo de 1962 a bordo de la *Mercury 7*. Ésta fue su única misión espacial, aunque posteriormente colaboró con la NASA como asesor del programa de vuelos tripulados, retirándose de los proyectos espaciales en 1967 tras haber sufrido un accidente en el que perdió la movilidad de un brazo. Carpenter colaboró asimismo con la Marina norteamericana, participando a partir de 1963 en un proyecto de hábitats submarinos. Retirado de éste en 1969, fundó la corporación Sea Sciences Inc., dedicada a estudiar los recursos oceánicos.

Satélite artificial.

Desde un punto de vista riguroso, un satélite artificial es un objeto no tripulado puesto en orbita alrededor de la Tierra. Quedan fuera de esta definición, pues, tanto los cohetes   lanzadores como las capsula tripuladas o de carga   los transbordadores espaciales l o las estaciones espaciales, Asimismo, tampoco suelen ser consideradas como satélites artificiales las sondas espacias enviadas a cualquier otro destino del Sistema Solar. Sin embargo, en los inicios de la astronáutica y también de la ciencia ficción hubo cierta confusión al aplicar este término a prácticamente cualquier objeto no tripulado que se enviase más allá de la atmósfera.

Soyuz

Nombre, que en ruso significa *Unión*, de una larga serie decapsulas espaciales soviéticas primero y naves rusas después, tanto tripuladas como automáticas. Las *Soyuz*, diseñadas por Sergei Korolev , reemplazaron a las primitivas Vostok y Voisod a mediados de los años sesenta, y aún hoy se emplean sus versiones mejoradas para los lanzamientos que tuvieron por destino, hasta hace poco,

Telescopio espacial

Nombre genérico con el que se define, en un sentido amplio, a los satelites artificiales diseñados específicamente para realizar observaciones astronómicas fuera de la atmósfera terrestre, bien en el rango de la luz visible, bien en cualquier otra región del espectro electromagnético, tales como los rayos infrarrojos, los ultravioleta, los X o la gamma. También son conocidos como *Observatorios espaciales*.

Tratado del Espacio Ultraterrestre.

Agencia Espacial Europea. Organismo responsable de las investigaciones astronáuticas europeas. Cuenta en la actualidad con 17 países miembros, 15 de ellos pertenecientes a la Unión Europea (Alemania, Austria, Bélgica, Dinamarca, España, Finlandia, Francia, Gran Bretaña, Grecia, Holanda, Irlanda, Italia,

Luxemburgo, Portugal, Suecia) más Noruega y Suiza, siendo previsible que en un futuro se incorporen a ella varios más de entre los últimos socios de la Unión Europea.

Teleobservación.

Se entiende la observación de la superficie terrestre desde el espacio, utilizando las propiedades de las ondas electromagnéticas emitidas, reflejadas o difractadas por los objetos observados, para fines de mejoramiento de la ordenación de los recursos naturales, de utilización de tierras y de protección del medio ambiente.

Turismo Espacial.

Hasta hace tan sólo unos años, el espacio estaba al alcance tan sólo de los astronautas profesionales, en un principio norteamericanos y rusos a bordo de sus respectivos vehículos espaciales, y más tarde de otras nacionalidades -principalmente europeos o japoneses- en virtud de acuerdos gubernamentales, a los que hay que sumar los reciente vuelos tripulados chinos. Sin embargo, abrió la puerta a los particulares que, previo pago de una considerable suma, desearan realizar un viaje al espacio aprovechando los huecos existentes en su programa de vuelos tripulados. El primer turista espacial fue el norteamericano Dennis Tito, que desembolsó la friolera de 20 millones de dólares -parte de esta cantidad estuvo destinada a sufragar el adiestramiento necesario para el viaje- por una estancia de apenas una semana en Estación Espacial Internacional   a la que llegó a bordo de una capsula Soyuz.

Traje espacial.

Indumentaria especial que utilizan los astronautas   en sus misiones espaciales. En realidad, no existe un único tipo, sino varios, en función de los requerimientos de cada actividad, pudiendo distinguirse entre dos grandes grupos, los trajes de vuelo y los trajes espaciales propiamente dichos, según el astronauta esté en el interior del vehículo o en el exterior del mismo, es decir, en el vacío. Los trajes de vuelo han evolucionado mucho desde los inicios de la astronáutica, En principio no necesitan ser tar herméticos como los otros debido a que el astronauta se encuentra en una cabina presurizada, lo que no les evita complejidad ya que en realidad son una especie de trajes salvavidas provistos de un complejo equipo de supervivencia para el caso de un accidente durante el despegue que obligara a su usuario a abandonar la nave en vuelo o a caer en el agua. Asimismo, suelen ser de un color llamativo, como el naranja vivo, para facilitar su localización y rescate. En este sentido, no son demasiado diferentes de los que utilizan los pilotos de combate.

Tratado del espacio exterior.

Tratado internacional promovido en 1967 por los Estados Unidos, Gran Bretaña y la Unión Soviética. Aunque su precedente arranca con la creación por parte de la ONU, el 13 de diciembre de 1958, del Comité para la utilización pacífica del espacio exterior, el tratado como tal entró en vigor en octubre de 1967 acogiendo en la actualidad a un centenar de países, entre ellos España que se adhirió al mismo en 1967, junto con otros veintiséis países cuya adhesión está todavía pendiente de ratificación. Básicamente, lo que promueve este tratado es un aprovechamiento pacífico del espacio, prohibiendo expresamente su uso con fines militares o bélicos, así como la apropiación unilateral de territorios o de posibles recursos naturales por parte de ningún país, al tiempo que lo declara patrimonio común de toda la humanidad. Sin embargo, todavía no se ha establecido con precisión, desde un punto de vista jurídico, el límite de distancia a partir de la cual el espacio se empieza a considerar territorio internacional.

Vladimir Chelomei

Ingeniero aeronáutico ruso, uno de los responsables del programa espacial soviético junto con Sergei Korolev y Valentín Vladímir Nikolayevich Chelomei nació el 30 de junio de 1914 en la ciudad de Siedlce, en la actual Polonia, pero tras el fin de la I Guerra Mundial su familia se trasladó a Ucrania, asentándose finalmente en Kiev. Fue en la capital ucraniana donde Chelomei cursó estudios de ingeniería, graduándose en 1937. El estallido de la II Guerra Mundial le sorprendió realizando investigaciones sobre los motores a reacción, y tras el inicio de los lanzamientos de las bombas volantes nazis contra Inglaterra se le encargó que desarrollara el equivalente soviético, lo que logró al final del conflicto.En los años posteriores Chelomei siguió trabajando en su campo, pasando a formar parte del equipo responsable del incipiente programa espacial de su país, lo que no le impidió discrepar profundamente con su compañero y rival Korolev. Fruto de su forcejeo con éste fue el cohete Protón, utilizado por los soviéticos para lanzar numerosos satélites satélites así como las estaciones espaciales Salyut y Mir , pero no para el programa lunar tal como él deseaba, el cual fue encargado a Korolev. Asimismo, Chelomei fue el diseñador de los misiles de crucero navales de la Unión Soviética. A partir de los años setenta, cancelado ya el programa lunar soviético y fallecido su rival Korolev, Chelomei trabajó en la construcción de varios satélites artificiales y estaciones espaciales. Honrado por las autoridades soviéticas, falleció en Moscú el 8 de diciembre de 1984.

Vuelo suborbital

Vuelo realizado a una altura de 100 kilómetros o superior que no llega a circunvalar completamente a la Tierra. Por esta razón, a este tipo de trayectorias no se les puede considerar orbitales, sino tan sólo balísticas. Algunos de los primeros vuelos espaciales de la historia fueron en realidad suborbitales, tal como ocurrió con el primer vuelo tripulado norteamericano,

Valentina Tereshkova.

Cosmonauta soviética, primera mujer que viajó al espacio. Nacida el 6 de marzo de 1937, en el seno de una modesta familia, en Maslennikov, una pequeña ciudad Rusia cercana a Yaroslavl, al noreste de Moscú, cursando estudios en Yaroslav primero, y por correspondencia después. Aficionada al paracaidismo, ingresó en el programa espacial soviético en 1962 junto con otras cuatro mujeres seleccionadas como candidatas a cosmonautas. Tras seguir un complejo entrenamiento, fue finalmente elegida para ser la primera mujer que viajara al espacio gracias a la intervención del propio Jruschov.. El 16 de junio de 1963 fue finalmente el día de su histórico vuelo, a bordo de lacapsula Vostok 5 Tras permanecer tres días en el espacio, durante los cuales completó un total de 48 órbitas en torno a la Tierra, Valentina aterrizó sin incidentes a nuestro planeta, siendo recibida con honores de héroe en su país. En noviembre de ese mismo año contrajo matrimonio con el también cosmonauta Adrian Nikolayev, y un año más tarde ingresó en la Academia Militar Aérea de Zhukovsky, donde se graduó en 1969.

Vostok

La primera de las utilizadas por este país en sus misiones tripuladas y famosa principalmente por ser en una de ellas en la que el Yuri Gagarin realizó en 1961 el primer vuelo espacial de la historia. La *Vostok* estaba constituida por una esfera presurizada de

2,3 m. de diámetro, cuyo interior ocupaba un único cosmonauta, y una sección cilíndrica posterior conteniendo los equipos necesarios para el vuelo. Al retornar a la Tierra el cosmonauta era eyectado con el asiento, descendiendo en un paracaídas. El programa *Vostok*, que en ruso significa *Este*, contó con un total de seis lanzamientos realizados entre 1961 y 1963, precedidos por un prototipo no tripulado en mayo de 1960. Sus principales hitos fueron la *Vostok 1*, en la que voló Yuri Gagarin el 12 de abril de 1961

Vanguard.

Nombre -*Vanguardia*, en español- del programa norteamericano que tenía como objetivo, en los albores de la carrera espacial, la puesta en órbita de satélite artificial   Iniciado por la Armada norteamericana en 1955, antes de la constitución de la NASA el proyecto *Vanguard* resultó muy accidentado. Su primer fracaso lo constituyó el lanzamiento, en octubre de 1957, del primer Sputnik soviético, lo que supuso la delantera de la URSS en la carrera por la conquista del espacio, mientras los norteamericanos no habían pasado todavía de la fase de proyecto. El primer intento norteamericano de poner en órbita un satélite (el *Vanguard TV3* según la NASA, aunque otras fuentes lo denominan

Explorer fracasó en diciembre de 1957, y hubo que esperar hasta marzo de 1958 para conseguirlo con el *Vanguard 1*, una pequeña esfera de aluminio de 15 centímetros de diámetro y apenas kilo y medio de peso. El *Vanguard 1* estuvo emitiendo señales de radio hasta mayo de 1964. Según la información de la NASA hubo un total de once satélites *Vanguard*, aunque sólo tres de ellos recibieron una numeración correlativa. Sus fechas de lanzamiento oscilaron entre diciembre de 1957 y septiembre de 1959, y varios de ellos como el citado *Vanguard TV3*, el *Vanguard SLV5* (lanzado en abril de 1959) y el *Vanguard SLV6* (en junio de 1959) resultaron ser intentos fallidos. Con posterioridad a septiembre de 1959 el proyecto *Vanguard* fue abandonado y sustituido por el proyecto *Explorer*.

Yuri Gagarin

Cosmonauta soviético nacido en 1934 y muerto en 1968, primer hombre que realizó un vuelo espacial alrededor de la Tierra. El lanzamiento de la capsula Vostok 1 que tripulaba tuvo lugar el 12 de abril de 1961 desde el cosmódromo de Balkour la cual entró en orbita alrededor de la Tierra con un apogeo de 344 kilómetros y un perigeo de 190 kilómetros. El vuelo de Gagarin duró solamente 78 minutos, tras los cuales volvió a caer en la Tierra aterrizando sin novedad en territorio soviético. Convertido en un héroe nacional, Gagarin murió el 27 de marzo de 1968, a los 34 años de edad, al estrellarse el avión que pilotaba por no querer saltar en paracaídas, según la versión oficial -aunque hay fuentes que la cuestionan- para evitar que el aparato cayera sobre un lugar habitado. Su memoria se recuerda en un cráter de la cara oculta de la Luna.

Bibliografía

Diccionario de la Guerra, los conflictos y la Paz. Humberto Silva Cubillan.

Geopolítica de la exploración Espacial. Real Politik Mundial.

Glosario de Términos de Aeronáutica. José Carlos Canalda

Geopolítica. Revista de Estudios sobre el espacio y el Cosmos.

Geográfica y tecnológica Mario J. Gallego Cosme

Geopolítica espacial dl imperio en el siglo XXI. Insumisos

Observatorio Latino americano de Geopolítica

revista@politicaexterior.com

Revista Geopolítica(s) | Complutense University of Madrid - Academia ...

Revista Geopolítica. Página Transversal.

Stephen Hawking. Biografía,

Viaje a las regiones equinocciales del nuevo continente. Alexander Von Humbold

ucm.academia.edu/Revista Geopolíticas

https://www.nasa.gov

https://www.un.gov

https://revistas,ucm.es

https://www.esa.int/esl/ESA

https://wikipedia.orgwikiGeopolitica

https://geopolitica.ws

https://pagina transversal.wordpress.com

https://.insumisos.com

https://realpolitikmundial

https://wikipedia.orgwikiBiblia

https://es.wikipedia.org/wiki/Agencia_Espacial_de_Israel

https://es.wikipedia.org/wiki/Agencia_Espacial_Federal_R usa

https://es.wikipedia.org/wiki/Administración_Espacial_Nac ional_Chin

www.ingramcontent.com/pod-product-compliance
Lightning Source LLC
Chambersburg PA
CBHW070411290526
45791CB00005B/1703